MÍDIAS E MEDIAÇÃO ESCOLAR

pedagogia dos meios, participação e visibilidade

GUIA DA ESCOLA CIDADÃ vol. 12

Dados Internacionais de Catalogação na Publicação (CIP)
(Câmara Brasileira do Livro, SP, Brasil)

Orofino, Maria Isabel
Mídias e mediação escolar : pedagogia dos meios, participação e visibilidade / Maria Isabel Orofino. – São Paulo : Cortez : Instituto Paulo Freire, 2005. – (Guia da escola cidadã ; v. 12)

Bibliografia.
ISBN 85-249-1149-2

1. Cidadania 2. Comunicação na educação 3. Ensino fundamental - Brasil 4. Inovações educacionais 5. Mídias - Programas (Educação) 6. Mediação 7. Tecnologia educacional I. Título. II. Série

05-4677 CDD-371.33

Índices para catálogo sistemático:

1. Mídias e mediação escolar : Educação 371.33

GUIA DA ESCOLA CIDADÃ
INSTITUTO PAULO FREIRE

12

Maria Isabel Orofino

MÍDIAS E MEDIAÇÃO ESCOLAR

pedagogia dos meios, participação e visibilidade

CORTEZ EDITORA

INSTITUTO PAULO FREIRE

MÍDIAS E MEDIAÇÃO ESCOLAR: pedagogia dos meios, participação e visibilidade
Maria Isabel Orofino

Capa: DAC
Preparação de originais: Jaci Dantas
Revisão: Maria de Lourdes de Almeida
Composição: Dany Editora Ltda.
Coordenação editorial: Danilo A. Q. Morales

Direitos para esta edição
CORTEZ EDITORA
Rua Bartira, 317 — Perdizes
05009-000 — São Paulo-SP
Tel.: (11) 3864-0111 Fax: (11) 3864-4290
E-mail: cortez@cortezeditora.com.br
www.cortezeditora.com.br

INSTITUTO PAULO FREIRE
Rua Cerro Corá, 550 — Cj. 22 — 2º andar
05061-100 — São Paulo — SP — Brasil
Tel.: (55 11) 3021-5536 Fax: (55 11) 3021-5589
E-mail: ipf@paulofreire.org
Home-page: www.paulofreire.org

Impresso no Brasil — abril de 2006

INSTITUTO PAULO FREIRE

Série "Guia da Escola Cidadã"

Coordenação: Ângela Antunes (São Paulo), Carlos Alberto Torres (UCLA, Los Angeles), Francisco Gutiérrez (ILPEC, Costa Rica), José Eustáquio Romão (UFJF, Juiz de Fora), Moacir Gadotti (USP, São Paulo), Paulo Roberto Padilha (USP, UNINOVE e UNICASTELO, São Paulo) e Walter Esteves Garcia (ABT, Brasília)

Conselho Internacional de Assessores
(Fórum Paulo Freire — São Paulo, abril de 1998)

Presidente: Budd Hall (Canadá), *Vice-presidentes*: Akira Kusuhara (Ásia), Carlos Rodrigues Brandão (América Latina), Frank Youngman (África) e Jürgen Zimmer (Europa). Membros: Adriana Puiggrós (Argentina), Adriano Nogueira (Brasil), Alfredo Ghiso (Colômbia), Antônio Faúndez (Suíça), Antônio João Mânfio (Brasil), Antônio Monclús Estella (Espanha), Afonso Celso Scocuglia (Brasil), Arturo Ornelas (México), Azril Bacal (Suécia), Barbara Freitag Rouanet (República Tcheca), Bartolomeo Bellanova (Itália), Beno Sander (Brasil), Bernardino Mata Garcia (México), Birgit Wingenroth (Alemanha), Celso de Rui Beisiegel (Brasil), Daniel Schugurensky (Canadá), Edna Serafim de Oliveira (Brasil), Elizabeth Protacio-Marcelino (Filipinas), Fátima Freire (Brasil), Fausto Telleri (Itália), Francisco Vio Grossi (Chile), Genoino Bordignon (Brasil), Heinz Schulze (Alemanha), Henry Giroux (Estados Unidos), Hiroyuki Nomoto (Japão), Ilse Schrimpf Herken (Alemanha), Ira Shor (Estados Unidos), Isabel Hernández (Argentina), Isolina Centeno Ubeda (Nicarágua), João Francisco de Souza (Brasil), Jorge Werthein (Brasil), José Rivero (Chile), Ladislau Dowbor (Brasil), Liam Kane (Escócia), Lilians M. Lopes (Argentina), Luis Eduardo Wanderley (Brasil), Marcela Gajardo (Chile), Marcos Guerra (Brasil), Madalena Freire (Brasil), María Teresa Sirvent (Argentina), Martin Carnoy (Estados Unidos), Miguel Escobar Guerrero (México), Nestor Alfredo Fuentes (Argentina), Orlando Fals Borda (Colômbia), Osmar Fávero (Brasil), Peter Mayo (Malta), Peter McLaren (Estados Unidos), Peter Park (Estados Unidos), Pierre Furter (Suíça), Pierre Marc (Suíça), Pilar O'Cadiz (EUA), Roberto Orozco Canelo (Chile), Roger Dale (Nova Zelândia), Sergio Guimarães (Angola), Sergio Martinic (Chile), Sylvia Schmelkes (México), Teresa Penna Firme (Brasil), Torbjön Stockfelt (Suécia), Zelda Groener (África do Sul).

Equipe Técnico-Pedagógica do IPF

Adriano Nogueira, Alexandro Fernando da Silva, Alice Akemi Yamasaki, Ana Maria do Vale Gomes, Afonso Celso Scocuglia, Antônio João Mânfio, Bianco Zalmora Garcia, Claudinéli Moreira Ramos, Custódio Gouvea da Motta, Débora Cristina Goulart, Débora Mazza, Deucélia Nunes, Edilson Fernandes, Edson Martins Júnior, Eliana de Oliveira, Eliseu Cintra, Eliseu Muniz dos Santos, Fábio Cascino, Fernando José Mendonça de Araújo, Gabriel Guimard, Genoíno Bordignon, Gildean Silva Pereira, Gustavo Bélic Cherubine, Izabel Cristina Petraglia, Jason F. Mafra, João R. Alves dos Santos, José Rubens Lima Jardilino, Júlio Wainer, Lígia M. L. Aquino, Lúcia Helena Couto, Luiz Carlos de Oliveira,

Luiz Marine José do Nascimento, Lutgardes Costa Freire, Marcia Moraes, Maria de Lourdes Melo Prais, Maria Isabel Orofino, Maria José Pereira, Maria José Vale, Maria Leila Alves, Maria Luiza Peixoto Ferreira, Margarita Victoria Gomez, Maurício Franklin, Misael Geraldo Souza Camargo, Paulo Silveira, Regina Elena Pinto Ribeiro, Reinaldo Matias Fleuri, Rudolf Wiedemann, Salete Valesan Camba, Sônia Couto Souza Feitosa, Sônia Marrach, Teresa das Dores Fernandes, Valdete A. Melo.

A ausência de uma literatura específica voltada para os problemas do cotidiano escolar tem dificultado a ação dos profissionais e demais atores que interagem na Escola de Ensino Fundamental no Brasil. Por isso, diante do movimento descentralizador, que lhes exige um desempenho técnico-político cada vez mais consistente, as dificuldades por eles sentidas são progressivamente maiores, levando-os, na maioria das vezes, a um ativismo intuitivo, sem uma clara consciência dos fins objetivados e sem uma nítida percepção dos resultados alcançados.

Professores, especialistas e até mesmo diretores de unidades escolares têm manifestado uma série de dificuldades, tanto pela carência de material que os ajude na fundamentação teórica, quanto na construção de mecanismos e instrumentos para uma série de ações que têm sido obrigados a assumir em face do novo perfil que se desenha para a instituição escolar.

Por outro lado, principalmente para os pais dos alunos das escolas públicas, a participação na chamada "gestão democrática da escola" oferece maiores dificuldades, por uma série de fatores, dentre os quais se destaca um autosentimento de inferioridade no domínio dos instrumentos — e até mesmo da linguagem — com que a escola opera. A falta de tempo, tanto dos pais quanto dos profissionais da educação, estes envolvidos com encargos em mais de uma escola, tem cobrado uma literatura pedagógica ágil, sem ser superficial, didática, sem ser maçante, técnica, sem ser árida, e que dê conta do salto da teoria para a prática, num cotidiano que exige respostas rápidas, eficientes e eficazes.

Foi pensando nisso que o Instituto Paulo Freire apresentou à Cortez Editora a Série "Guia da Escola Cidadã", publicizando estudos e pesquisas que o IPF vem fazendo, para responder, de forma concreta, aos desafios do ensino fundamental no Brasil.

Agradecimentos

A todas as pessoas que, de um modo ou de outro, trouxeram luz para este trabalho, em especial: Gilka Girardello, Aglair Bernardo, José Gatti, Maria Luíza Belloni, Leda Scheibe, Mano José Alvim, Pepe Pereira dos Santos, Ronaldo dos Anjos, Arcélio Filho, Gelcy Peninha Coelho, Elaine Borges, Virgínia de Figueiredo, Marcelo Muniz, Marisa Naspolini, Jeffrey Hoff, Rafael Pereira Oliveira, Luíza Jatobá, Jiani Bonin, Alberto Efendy, Bernadete Grossi dos Santos, Rita Flores Müller, Ana Paula Martins, Márcio Cubiak, Renato Cristofoletti, Maria Immacolata Lopes, Sílvia Borelli, Ismar de Oliveira Soares, Adilson Citelli, Roger Silverstone, Rosa Maria Bueno Fischer, Peter McLaren, Vilson Groh, Nilda Jacks, Ana Carolina Escosteguy, Iara Chaves, Míriam Grossi e Ilse Scherer-Warren. À família Bortoluzzi: Adolfo, Augusta e Marina, por todo o apoio. À família Orofino, por ser tão linda. Ao John querido, pelo carinho e incentivo.

Ao pessoal da Turma 81, Escola Básica América Dutra Machado, Florianópolis, SC, em especial à professora Cristiane Vignardi.

Ao Fernando e à Joyce Pereira Oliveira da *Trinta por Segundo* Digital Vídeo pela competência, apoio, amizade e parceria de sempre.

Ao belo povo do Núcleo Mover/UFSC, pela acolhida: Reinaldo Fleuri, Cristiana Tramonte, Ana Baiana Borges de Sousa, Willer Araújo Barbosa, Nadir Esperança Azibeiro, Ivone Maria Perassa, Maria Isabel Porto de Souza, Márcio Penna Corte Real, Lia Vainer, Fernando Angeolleto, Kely Sprícigo, Márcio Paludo, Silvana Bittencourt, Sandra Cristina da Silva, Vera Hüber, Luiz Gabriel Angenot, Rosângela Steffen e Telmo Marcon.

À equipe do IPF/Instituto Paulo Freire, pelo exemplo, em especial: Moacir Gadotti, Ângela Antunes, Paulo Roberto Padilha e Sônia Couto.

Para Gui e Rafa, meus queridos filhos,
sempre os primeiros a me anunciar
as transformações na cultura midiática.

"O mundo encurta, o tempo se dilui.
O ontem vira agora; o amanhã já está feito. Tudo muito rápido...
Debater o que se diz, o que se mostra e como se mostra na televisão me parece algo cada vez mais importante."

(Paulo Freire. *Pedagogia da Indignação*, 2000: 109)

Sumário

Prefácio

Narrativas audiovisuais na escola: contra os clichês, a ousadia de inventar

*Rosa Maria Bueno Fischer**

Em boa hora chega este belo texto de Maria Isabel Orofino. Num tempo em que se multiplicam projetos e ações relacionados ao uso das chamadas "novas" tecnologias de comunicação e informação no campo educacional, a autora oferece ao leitor o fruto de uma pesquisa que passa ao largo de qualquer rasgado elogio ou deslumbramento diante daquilo que, depois de Pierre Lévy, vem sendo chamado de "nova ecologia cognitiva". Maria Isabel reconhece o significativo lugar das diferentes mídias no panorama da cultura de nosso tempo, mas deposita nessa realidade um olhar perguntador, marcado sobretudo pela teoria da complexidade, aprendida em Edgar Morin.

Como usar, com crianças e jovens, as linguagens híbridas dos diferentes meios de comunicação? Como fazer com que meninos e

---

* Doutora em Educação e jornalista. É professora do Curso de Pedagogia e do Programa de Pós-Graduação em Educação, da Universidade Federal do Rio Grande do Sul (UFRGS). Autora dos livros *Educação & Televisão*: fruir e pensar a TV (Autêntica Editora) e *O mito na sala de jantar*: discurso infanto-juvenil sobre televisão (Editora Movimento). Pesquisadora do CNPq, tem investigado as relações entre mídia, juventude e produção de subjetividades na cultura.

meninas reinventem o que lhes é ofertado cotidianamente pelas diferentes mídias, de modo a construírem eles mesmos suas próprias narrativas audiovisuais? Esse é o centro do trabalho de Maria Isabel, herdeira da pedagogia freireana e da teoria das mediações de Martín-Barbero e Orozco. Ou seja, temos aqui o resultado de uma pesquisa-ação que mobiliza os enunciados dos autores escolhidos, na medida em que de certa forma os submete a um teste muito concreto: oficinas de leitura crítica de produtos midiáticos, estudo etnográfico e, por fim, produção, por estudantes de Ensino Fundamental, de um vídeo educativo. É esse material que a autora submete a uma rigorosa análise, e que a permite "mexer" por dentro toda a discussão conceitual de Martín-Barbero a respeito das mediações, simultaneamente tratando dos campos da educação e da comunicação.

Maria Isabel traz para ambiente da escola o olhar do comunicador interessado: aquele comunicador que não descansa no lugar seccionado, fragmentado, do jornalista ou do produtor de vídeo — muitas vezes desinformado de questões mais amplas do social, e que certamente vão além da produção diária de matérias, reportagens, programas de TV, anúncios publicitários. São raros esses personagens. Personagens amantes do pensamento complexo. Figuras interessadas na transformação de um mundo que se enreda numa teia cada vez maior, cada vez mais inalcançável, cada vez mais frustrante e ao mesmo tempo cada vez mais sedutora — de imagens e sons, informações, dados, possibilidades de ver, ouvir e saber de quase tudo. Rede sedutora e frustrante, sim, porque parece que não podemos mais viver sem todo esse encantamento — com bem lembra Roger Silverstone em *Por que estudar a mídia?* — embora tudo com o que ele nos brinda esteja sempre, por definição, prestes a desaparecer.

Podemos (muitos de nós, certamente nem todos) ter acesso a quase tudo, a informações e imagens que a TV e a Internet nos colocam à disposição, numa dimensão não imaginada há quinze ou vinte anos. Mas os *sites* por vezes nos escapam, os textos que circulam como verdade deixam suspeitas quanto à autoria, um mal-estar de excesso e náusea de hiper-informação nos fere a alma; narrativas ficcionais simulam histórias de nós mesmos, de parte de nossas vidas, provocam identificações e projeções curiosas diante da tela da

TV, ao mesmo tempo que nos agitam, pautam a agenda de nosso cotidiano, preenchem vazios, dotam de sentido muitas vezes até o que nem ainda havíamos imaginado. Excessos de informação. Excessos de imaginário. Mas presença em nossas vidas. Novas configurações da esfera pública, da esfera privada. Modos distintos de narrar e de simbolizar, nos quais estratégias de linguagem muito específicas vão sendo aprendidas, a passo miúdo, todos os dias, produzindo gerações de crianças e jovens (e adultos, por que não?), para os quais se torna absolutamente incompreensível uma vida sem a TV, a Internet, as revistas, os jornais; para quem se torna inimaginável deixar de saber o que vai pelo mundo, que as grandes redes de comunicação preparam todos os dias para milhões de espectadores; para quem se faz totalmente impossível pensar a vida sem um telefone celular ou um aparelho de CD.

Ora, o livro de Maria Isabel Orofino parte dessa realidade maior e penetra delicadamente na realidade de jovens de uma escola pública, de 8ª série, em Santa Catarina, no sul do Brasil, para aí realizar um trabalho que, por si mesmo, acaba por trazer novas questões, de caráter pedagógico e cultural, filosófico também, na medida em que arrisca experimentar algo novo, a partir das relações muito concretas dos estudantes, da escola, com o mundo das mídias. Para a autora, a proposição de uma pedagogia dos meios não se separa do projeto político-pedagógico da escola. Esse é também um dado a ser considerado, e é o que Maria Isabel enfrenta na pesquisa-ação e na análise dos dados.

A meu ver, o que marca o texto é a seriedade da investigação acadêmica, o envolvimento sincero, honesto, amoroso até, da pesquisadora com os estudantes, com a escola, com a própria cultura audiovisual e seus produtos. Além disso — e talvez por essas marcas básicas —, temos diante de nós uma proposta muito concreta, descrita em seus mínimos detalhes e passos, daquilo que é possível fazer na prática pedagógica escolar, em relação ao que a autora chama de "pedagogia dos meios".

Sinto-me contemplada neste livro de Maria Isabel Orofino, por encontrar nele ressonâncias de inúmeras questões que venho levantando desde os anos 80: as múltiplas possibilidades de parceria entre educadores e comunicadores (Isabel e eu somos da área jornalística e nos apaixonamos pela educação), e que tomam corpo em pesquisas como essa. Refiro-me ao trabalho de pesquisadores das áreas de educação e comunicação, aos estudos de recepção, às análises do discurso da mídia, aos estudos sociológicos e culturais dos meios, que podem vir associados a criativas e surpreendentes intervenções no ambiente escolar. Há um mundo a ser descoberto por comunicadores, quando estes se dispõem a "escutar" professores e estudantes, a partir do que é produzido como saber e sabor na escola; há um mundo a ser desbravado por educadores, no sentido da apropriação urgente e necessária das linguagens e das técnicas de produção audiovisual, fonte de tanto fascínio e encantamento para gente de todas as idades.

Penso que a autora está apontando para algo mais, algo que vai além da importante formação de espectadores críticos na escola. Maria Isabel acena para um debate que cada vez se faz mais necessário, tanto no cenário da educação como no da comunicação: que possamos nos ocupar daquilo que ultrapassa o instituído, daquilo que diz respeito à criação, à invenção de si mesmo, à experimentação da genuína experiência — experiência como aquilo que nos desaloja, nos desinstala da comodidade da poltrona diante da TV, da facilidade do clique do *mouse*; experiência como aquilo que atravessa profunda e radicalmente nossas almas, faz-nos sofrer porque não nos fornece respostas rápidas; faz-nos indagar e duvidar; faz-nos desejar alguma outra coisa; faz-nos inventar e reinventar nossas próprias vidas, todos os dias.

Mestrandos e doutorandos das áreas de comunicação e educação encontrarão aqui uma discussão rigorosa sobre conceitos básicos, como os de mediação, cultura, identidade, recepção, pedagogia das mídias. Terão a rara oportunidade de ler um texto acadêmico que é agradável e sério ao mesmo tempo, e no qual o teórico não se separa, em nenhum momento, do metodológico. Professores de diferentes níveis, mas particularmente do Ensino Médio e Fundamental, poderão vislumbrar aqui possibilidades muito simples e extremamente ricas de operar com as mídias em sua prática cotidiana.

Maria Isabel Orofino, com sua pesquisa e com seu texto, arrisca-se, joga-se sem pejo, enfrenta com elegância o trânsito entre os campos da educação e comunicação, não temendo mostrar as especificidades de cada um deles, os limites e as possibilidades de trocas entre ambos. Enfatiza, sobretudo, a criação, a necessidade da expressão, na esteira, talvez, daquilo que Hannah Arendt tanto preza como próprio da condição humana: a urgência, sempre, da vida como pensamento, e do pensamento como vida, para além, muito além, do clichê e da repetição do mesmo.

Apresentação

A escola frente à cultura midiática

*Moacir Gadotti**

Em abril de 2005 foram divulgados os resultados da avaliação do Ensino Superior, o ENADE (Exame Nacional de Desempenho dos Estudantes), também chamado de "provão". Os dados mostraram que há pouca diferença de desempenho entre os alunos que entram no ensino superior e os concluintes, no que se refere à formação geral humanista. Os estudantes universitários lêem apenas dois livros por ano fora da sua área, têm acesso à Internet e usam a televisão para se manterem atualizados sobre os acontecimentos do mundo contemporâneo. Entre as várias mídias, a TV continua exercendo um papel formativo importante. A escola precisa ficar atenta a esse fenômeno e estudá-lo de forma crítica e propositiva como o faz Maria Isabel Orofino neste livro.

Logo que a professora Maria Isabel Orofino defendeu sua tese de mestrado, sugeri a ela que a publicasse com algumas adaptações. Como toda perfeccionista, ela demorou muito para fazer essas adaptações, mas, finalmente, podemos ler seu livro: *Mídias e Mediação Escolar: pedagogia dos meios, participação e visibilidade*.

---

* Diretor do Instituto Paulo Freire. Professor titular da Universidade de São Paulo.

Sinto-me muito honrado e feliz poder apresentá-lo ao leitor, à leitora da nossa série "*Guia da Escola Cidadã*". Meu primeiro contato com a autora foi em 1996, quando lhe pedi para traduzir um livro de Peter McLaren que foi publicado com o título *Multiculturalismo crítico*, com prefácio de Paulo Freire, publicado também pela Cortez Editora. Bebel, como a chamamos, fez uma tradução muito preocupada com as questões de gênero. Coerente, ela escreveu no início do livro uma "nota sobre o tratamento de gênero dado à tradução" na qual ela justifica o fato de manter o substantivo "educadores" no feminino plural, isto é, "educadoras", "não apenas como uma opção tanto estilística quanto de homenagem ao grande número de mulheres que lutam por uma realidade educacional digna em nosso país, mas também como um convite aos leitores masculinos a experimentarem a sensação de serem incluídos em um signo lingüístico cuja leitura meramente denotativa lhes excluiria". Por meio de diversas sutilezas, Bebel conseguiu dar um tratamento de gênero à tradução do livro de Peter MacLaren sobre o multiculturalismo.

A autora deste livro é uma incansável educadora, séria, muito comprometida e exigente. O leitor, a leitora, poderá ter uma prova neste livro que trata do uso das mídias no espaço escolar, enfatizando a necessidade de diálogo crítico entre as diferentes linguagens e conteúdos das mídias nas práticas educacionais. Um capítulo foi dedicado especialmente ao uso do vídeo em sala de aula, mostrando um exemplo de como ele pode servir de instrumento de participação. Não basta assistir aos vídeos e analisá-los criticamente. É preciso conhecer a "gramática" desta linguagem. Bebel nos mostra as diferentes etapas da produção de um vídeo que podem servir de exemplo para que as escolas produzam material audio-visual além de formar espectadores críticos.

A relação entre educação e comunicação é bastante complexa. Uma pluralidade de meios educativos se apresenta para o educador poder fazer escolhas conscientes e apropriadas. Numa era da informação, os meios educativos se multiplicaram impregnando toda a cultura. A informação está generalizada e a cultura dominante em todas as esferas da vida social tornou-se perigosamente midiática. Digo "perigosamente" porque a tentação da sociedade atual é tornarse espetáculo, entretenimento. Os meios passam a ser considerados como fins. Costumo dizer que temos muitos meios de comunicação e pouca coisa para comunicar de relevante. Os meios são usados muito mais para emitir comunicados do que realmente para comunicar.

Diante desse quadro, a tentação do educador é de se afastar dos meios, perdendo uma grande oportunidade de empoderar sua práxis. É aqui que entra a professora Isabel: ela nos oferece uma análise positiva e propositiva do uso da mídia na educação, com senso crítico e discernimento. O que importa, portanto, na educação, não é tanto melhorar um único meio de educar, aperfeiçoando-o ao máximo. O que importa é colocar à disposição dos educadores e dos educandos uma multiplicidade de meios. São tão necessárias as bibliotecas, quanto as videotecas, os laboratórios, os panfletos, a televisão, o rádio, o vídeo, a Internet, o CD e o DVD. Quando se fala de inclusão digital, precisa-se discutir de que inclusão estamos falando. Não significa simplesmente ter acesso, democratizar o acesso. É fundamental discutir para quê, a favor de quem, o quê. Bebel nos dá elementos para aprofundar essa discussão.

A cultura primeira do aluno é, desde já, uma cultura midiática, por força da sociedade em que vive. O papel da escola, nesse contexto, seria fazer com que tanto as crianças, quanto os jovens e os adultos, pudessem passar dessa cultura primeira à cultura elaborada. Esse seria um processo dialético no qual uma não eliminaria a outra, mas lhe acrescentaria uma explicação mais completa. A *cultura primeira* é a que adquirimos antes ou fora da escola, pela auto-formação não metódica e não sistemática. Hoje em dia, as mídias, os meios de comunicação social, sobretudo a televisão, têm uma influência marcante na primeira cultura, principalmente na infância. Naquela cultura que nasce da experiência da vida, que absorvemos sem perceber, movidos pela curiosidade, no dia-a-dia. Essa cultura é uma *cultura popular*, que hoje está profundamente impregnada pela *cultura de massa*. Sob muitos aspectos a cultura popular se identifica hoje com a cultura de massa. Nesse contexto, a cultura midiática aparece como um verdadeiro caldo das culturas, inclusive porque também pode conter elementos da cultura elaborada.

Faço uma leitura positiva da cultura midiática. Nós, educadores, não podemos ignorar, por exemplo, o quanto a criança aprende em frente a uma televisão ou ouvindo o rádio, fora dos horários escolares. A televisão introduz em nossas casas o mundo e nos liga instantaneamente a ele. Nossas crianças, diante de um aparelho de televisão, sentem-se como se estivessem conectados com o planeta; sentem-se como cidadãs do mundo, habitando numa aldeia global. Com o advento da Internet conectada à televisão ambos esses meios ficaram ainda mais fortalecidos.

A cultura midiática envolve o corpo inteiro, privilegia a imagem, o som, o movimento, as cores. É uma cultura envolvente. A televisão, ainda tão pouco explorada em nossas escolas, além de tudo, traz satisfação para a criança. A cultura da televisão é uma cultura da satisfação, expressão do nosso tempo. Mas a TV a que grande parte da população tem acesso é a TV da passividade. Por isso é sempre bom lembrar que a criança, o jovem e o adulto desejam encontrar satisfação, alegria, também na escola e que essa satisfação cultural deve partir do próprio ato de estudar e de aprender e não apenas dos meios utilizados para isso.

Por outro lado, cabe aos educadores críticos e comprometidos com os princípios de uma educação libertadora a tarefa permanente de denunciar os limites com que as mídias representam a realidade. Compete a eles e a elas indagar sobre como a mídia nos mostra "o mundo". Ou seria "um mundo", aquele que valoriza celebridades e busca nos tornar nichos de seus mercados? Hoje, mais do que nunca, a mídia molda nossas percepções sobre o mundo e precisamos trazer esse debate para a sala de aula. Afinal, é sempre bom lembrar que o que as mídias nos mostram são mediações e não a realidade. São representações e não a verdade.

A televisão ao esquematizar coisas e simplificar fenômenos, ela pode cair na mistificação e na banalização da cultura. Ela pode banalizar idéias e mitificar pessoas e ficar muitas vezes nos estereótipos em relação, por exemplo, ao negro, ao judeu, ao operário, ao pobre, à mulher. O poder subliminar da televisão é enorme. Qualquer meio engana quando mostra, por exemplo, que o sucesso é fruto do acaso. Por isso, a televisão, que é indispensável na formação de todo cidadão e cidadã de hoje, deve ser acompanhada na educação por uma *pedagogia da comunicação* de dos *meios* que a analise criticamente. Ela deve ser desmistificada pela escola e não substituir a escola, portanto fazer parte também do currículo escolar.

Esse é um conjunto de questões que Maria Isabel Orofino apresenta, dando um salto de qualidade na compreensão da relação entre mídia e educação. Com esse livro, está dando uma bela contribuição para que o uso das mídias no cotidiano escolar seja transdisciplinar, integrador e transversal e faça parte do projeto político-pedagógico da escola.

O papel das mídias nas sociedades contemporâneas, e, particularmente, nas escolas, precisava ser melhor estudado. O livro de Maria Isabel Orofino dá um grande passo nesse sentido e, certamente, estimulará outros a participarem dessa empreitada. Precisamos de mais teoria crítica neste campo. O lançamento do livro da Bebel traz uma relevante contribuição nesse sentido. Por isso recomendo vivamente a sua leitura.

Introdução

"(...) Todos os problemas particulares só podem ser posicionados e pensados corretamente em seus contextos, e o próprio contexto desses problemas deve ser posicionado, cada vez mais, no contexto planetário." (Edgar Morin, 2000:14)

O lugar da mídia na vida social

Há muitos desafios colocados à educação escolar contemporânea. Dentre eles, o que nos chama especial atenção é aquele destacado por Morin (2000) quando acena para a necessidade de uma recriação epistemológica que supere a "inadequação cada vez mais ampla, profunda e grave entre os saberes separados, fragmentados, compartimentados entre disciplinas, e, por outro lado, realidades ou problemas cada vez mais polidisciplinares, transversais, multidimensionais, transnacionais, globais, planetários". (Morin, 2000)

Mas como uma proposta tão modesta quanto uma *pedagogia dos meios na escola* pode estabelecer uma conexão, ou melhor, contribuir com a superação de alguns dos limites denunciados pela crítica citada acima? Longe de querermos inventar soluções mágicas para questões tão amplas, a proposta que é apresentada nas páginas que se seguem é a de que, ao tratarmos de educação escolar, não podemos deixar de lado a permanente reflexão crítica sobre o seu sentido social e necessariamente histórico.

Neste caso, precisamos então — e fundamentalmente — levar em conta *o espaço central que a mídia ocupa* (juntamente com outras dimensões estruturais) na constituição mesma das relações sociais que se tecem no mundo contemporâneo (Martín-Barbero, 1997, 2001; Thompson, 1998; Silverstone, 2002; Lopes et alii, 2002, entre outros). E então o desafio que se coloca para nós, educadores críticos, diante desta problemática, é o de nos lançarmos — junto com as crianças e adolescentes — à descoberta, à aventura de *produzir respostas* à presença massiva e ideologicamente mercantil que a mídia desempenha em nossos diferentes contextos culturais. Este é o sentido de comunicação social que sustenta o argumento deste livro e, para tanto, tomamos como referência os escritos de Raymond Williams. Segundo este autor:

> "O que nós chamamos de comunicação é, necessariamente, mais do que transmissão: isto é, o envio em mão-única. *Recepção e resposta*, os quais completam a comunicação, dependem de vários outros fatores além das técnicas." (Raymond Williams, [1958] 1977: 291, tradução e grifos meus).

Esta noção de **resposta** nos parece fundamental para um início de conversa. Afinal, o que se pretende aqui é ir além da fetichização de métodos e instrumentos técnicos e situar a escola como espaço de uma produção midiática crítica à luz do que se entende por uma educação reflexiva, isto é, aquela que está permanentemente atenta às dimensões éticas e políticas que orientam o "pensamento com o qual pensamos". (Ibañez apud Escosteguy, 2001) E, assim, reconhecermos na *pedagogia dos meios* uma aliada na busca de novas possibilidades para a criarmos uma prática educacional que assuma, conforme destaca Morin (2000), "os desafios postos pelo retalhamento das disciplinas e de apreendermos o que é tecido junto, isto é, o complexo".

Portanto, solicitamos à leitora e ao leitor que uma epistemologia da complexidade, com o foco voltado à construção de cidadania, direitos humanos e sustentabilidade, seja mantida como um permanente pano de fundo para as propostas que serão delineadas ao longo destas páginas.

O que vamos propor como ponto de partida é este reconhecimento de que as mídias ocupam um lugar cada vez mais significativo na paisagem cultural das nossas crianças e jovens. Sendo assim, a escola pode e deve intensificar o diálogo entre cultura escolar e cultura midiática ao oferecer oportunidades de produção de narrativas de autoria dos estudantes com o uso de novas linguagens e tecnologias.

Ao propor uma crítica à aplicação instrumental das tecnologias, o que vamos trazer aqui é muito mais um convite para utilizarmos novos meios para ressignificar a realidade, a experiência social vivida (e também tantas vezes sofrida) nas comunidades e na própria escola. Para tanto, vamos propor aqui neste livro uma discussão sobre alguns conceitos do campo da comunicação social e, em termos práticos, trataremos com maior profundidade a produção de vídeo voltada à educação. Vamos explorar caminhos e visitar teorias que nos inspirem, enquanto profissionais da educação e da comunicação, a exercitar estratégias e práticas de mobilização das crianças e adolescentes para uma maior participação nos debates sobre mídia e sociedade.

Se quisermos falar de uma proposta política, defendo o apelo à *construção de visibilidade* para a imaginação e criatividade das crianças e adolescentes a partir do espaço escolar como uma questão de direito à atualização e melhoria dos processos de ensino e de aprendizagem. E neste sentido, ao usarmos as novas mídias na escola — de modo transdisciplinar e coletivo — poderemos certamente enriquecer estes processos. Porém, eu acredito que, somente na medida em que forem *meios* (e não fins) de problematização de questões que sejam de interesse dos estudantes e da própria comunidade escolar é que podemos atingir estes objetivos. Assim, estaremos ampliando as vozes silenciadas de crianças e adolescentes que estão cada vez mais alijados do acesso às tecnologias de comunicação e informação, visto que a maioria não se inclui na lógica dominante da sociedade de consumo e do mercado. Não se trata de propor aqui um receituário para a produção de audiovisual na escola. Pelo contrário. Vamos tratar aqui muito mais do ponto de vista do uso reflexivo das novas linguagens híbridas e de suas ricas possibilidades narrativas do que somente de tecnologias em um sentido instrumental.

Afinal, precisamos estar atentos à contradição de que, na mesma medida em que as mídias são cada vez mais o espaço dominante em termos de oferta de produtos culturais, as instituições que as operacionalizam quase nada oferecem em termos de oportunidade de produção que esteja voltada aos interesses das comunidades e locais de apropriação de suas mensagens. O que é uma perversidade política. Enquanto adultos e educadores, nós precisamos promover a *denúncia* deste quadro e o *anúncio* — como sugeriu Paulo Freire (1975) — da participação das crianças e adolescentes na intervenção criativa e na ressignificação da cultura de mercado que é oferecida pela vasta maioria dos canais de comunicação de massa em nosso país.

Para escrever estas páginas, eu me fundamento em uma *pedagogia participativa e libertadora*, bastante influenciada pelo legado de Freire. Aqui, a proposta para uma educação tecnológica vê na tecnologia não um fim em si mesma, mas sim um poderoso meio para a ressignificação do mundo através da produção de conhecimento e para o investimento na autoria das crianças e adolescentes. Enfim, como um meio coadjuvante que contribua com uma pedagogia de ampliação de vozes, de construção de visibilidade, da esperança e do re-encantamento do espaço escolar.

Se uma pedagogia libertadora, no sentido proposto por Freire, advoga que a leitura do mundo antecede e acompanha a leitura da palavra, então o que significa a leitura de um "mundo globalizado" no qual os meios de comunicação se tornam um dos principais agentes deste processo? Que integrações esta globalização explicita? Que exclusões oculta? Como a educação escolar pode se colocar diante do papel que as mídias desempenham hoje tanto nos processos de difusão de ideologias dominantes quanto na construção de novas redes de resistência e solidariedade mundial? Estas são questões de fundo e podem certamente servir como temas geradores para o debate que vamos desenvolver ao longo deste trabalho sobre a prática de uma *pedagogia dos meios na escola.*

O campo da mídia-educação

As reflexões sobre o papel das mídias nas sociedades contemporâneas e suas relações com a educação de crianças, jovens e também de adultos, não é um campo de investigação novo. A questão da tecnologia educacional de orientação funcionalista é tão antiga quanto a própria emergência dos meios de comunicação em nossas sociedades. Desde as primeiras décadas do século XX, há iniciativas de educação pelo correio, via mídia impressa e também pelo rádio, o que remonta ao início dos debates sobre o uso das mídias para fins instrucionais. Mas não é esta a perspectiva que vamos seguir aqui.

O que queremos propor é que a mídia-educação seja compreendida enquanto campo de conhecimento cujo espaço é o da teoria crítica. E neste sentido, aqui no Brasil a sua história é mais recente. José Manoel Morán (1993) realizou um histórico sobre diferentes propostas em nosso país e localizou, no início dos anos 60, o projeto *Leitura Crítica dos Meios de Comunicação,* realizado pela UCBC (União Cristã Brasileira de Comunicação) como uma das pioneiras no campo. A partir daí diferentes iniciativas emergiram com base em projetos desenvolvidos em outros países e ampliaram o conjunto do pensamento crítico sobre o tema. Dentre os quais eu destaco os exemplos que influenciaram as reflexões que apresentamos neste livro[1]: 1) a *pedagogia da linguagem total,* sugerida por Francisco Gutierrez e que já nos anos 70 propunha que a escola utilizasse diferentes linguagens em seu cotidiano; 2) a *educação para a mídia*, bastante difundida no Brasil por Maria Luíza Belloni[2] (na literatura inglesa chama-se *media literacy* — alfabetização para a mídia). Há algumas diferenças, mas basicamente são perspectivas que propõem a leitura ideológica dos textos midiáticos, bem como a análise de seus códigos de produção; 3) a *educomunicação,* que atualmente vem sendo desenvolvida no Brasil sob a orientação dos professores Ismar de Oliveira Soares e Adilson Citelli (ECA/USP) e que propõem uma nova reflexão epistemológica sobre o campo com ênfase nos processos de produção midiática na escola. O projeto experimental desta equipe se chama *Educom.rádio* e pode ser visitado no site: www.educom.radio.com.br.

---

1. Há certamente uma série de outros projetos sendo desenvolvidos no Brasil. Citamos aqui aqueles que de certa forma influenciaram nossa proposta de pesquisa.

2. O projeto de educação para a mídia, realizado por Maria Luíza Belloni conta com um conjunto de 6 programas de vídeo, manuais e apostilas sobre a televisão. Trata-se de um conjunto de informações bastante útil para a problematização das características técnicas e sociais deste meio de comunicação. Chama-se *Programa Formação do Telespectador.*

A proposta que este livro apresenta de certa forma dialoga com todas estas diferentes iniciativas. O uso do conceito *pedagogia dos meios* surge aqui como uma proposta de prática, ou seja: metodológica. Trata-se na verdade de uma síntese de diferentes iniciativas críticas já desenvolvidas no Brasil. Entretanto, muitas delas ainda reproduzem a fragmentação disciplinar separando o processo de comunicação em partes isoladas: produção/mensagem/recepção. Nossa proposta não acredita que uma abordagem fragmentadora seja possível para uma pedagogia pautada pela complexidade. Esta é a explicação para o fato de que tomamos como referência principal a *teoria latino-americana das mediações* ou também o *enfoque integral da audiência* (Jesús Martín-Barbero e Guillermo Orozco). É este conjunto teórico que inspira a proposição dos conceitos *pedagogia dos meios* e *mediação escolar* utilizados aqui neste trabalho.

Esperamos que fique claro, mais adiante, o porquê desta escolha. Em síntese, defendemos que é cada vez mais necessário ampliarmos as *mediações escolares* por meio de novos enfoques pedagógicos que visem um *consumo cultural crítico* e que possibilitem *a criação de estratégias de uso* destes meios para fins de construção da cidadania ativa, participativa, atuante no contexto da comunidade na qual a escola se insere. O trabalho que estamos propondo aqui está em diálogo também com propostas mais recentes na área que buscam avançar no seguinte sentido, aqui destacado por Buckingham:

> "Os textos midiáticos geralmente combinam várias linguagens ou formas de comunicação — imagens visuais (paradas ou em movimento), áudio (som, música ou discurso) e a linguagem escrita. A mídia-educação busca portanto o desenvolvimento de uma ampla competência, não apenas em relação à mídia impressa, mas também nestes outros sistemas simbólicos de imagens e sons. Esta competência é freqüentemente descrita como uma forma de alfabetização; e se defende hoje que, no mundo moderno, a alfabetização em mídia é apenas tão importante para os jovens quanto é a alfabetização tradicional em texto impresso". (Buckingham, 2003: 4)

Portanto, o que apresentamos aqui é uma proposta multimetodológica (Lopes, 2002) que busca integrar o novo sem excluir o que já foi produzido anteriormente, mas que os analisa criticamente e os integra na medida de suas contribuições. Afinal, métodos e técnicas utilizados em pesquisa acadêmica podem variar de acordo com as perguntas feitas, o enfoque e as necessidades propostas em cada projeto.

Em linhas gerais, neste trabalho foram utilizados os seguintes métodos: 1) uma metodologia de pesquisa-ação ou ação cultural; 2) um estudo de recepção de campanhas de prevenção à Aids junto a adolescentes de 8ª série; 3) um esboço etnográfico da comunidade em que se insere a escola; 4) uma oficina de mídia-educação com ênfase em leitura crítica das mensagens e produção de um vídeo educativo de autoria dos estudantes. As etapas e materiais desenvolvidos estão disponíveis nos anexos.

Cabe destacar que nossa proposta entrelaça *estudos da mídia e mediações* à *educação escolar* com ênfase em uma perspectiva *de multiculturalismo crítico,* isto é: pensarmos o espaço ocupado pela mídia na relação com as demais dimensões constitutivas da cultura, dos sujeitos, das identidades e diferenças socioculturais como: classe social, gênero, raça, etnia, orientação sexual, geração, religião, dentre outras.

Pedagogia dos meios: comunicadores e educadores juntos

Quando se indaga sobre o que são as mediações, o que se propõe é identificar aqueles percursos de produção de sentido (toma-se como ponto de partida o consumo cultural, a apropriação, recusa ou resistência) que são "estruturantes e configuram e reconfiguram tanto a interação das audiências com os meios, como a criação — por parte das audiências — do sentido desta interação". (Orozco, 1993b) Como destaca Silverstone, busca-se compreender processos de:

> "movimento do significado de um texto para outro, de um discurso para outro, de um evento a outro. No sentido de que a mediação implica a constante transformação de significados, tanto em pequena quanto em grande escala, significante e insignificante, na medida em que os textos midiáticos e os textos sobre a mídia circulem em suas formas escrita, discursiva e audiovisual, e enquanto nós,

individual e coletivamente, direta e indiretamente, contribuamos para a sua produção". (1999: 13)

A escola é, portanto, um cenário social em que se efetiva esta circulação de significados e sentidos produzidos pelas e sobre as mídias. Vamos tratar deste tema com maior atenção no capítulo 1. Por ora destacamos apenas que há dois pontos fundamentais para que possamos avançar na inclusão de práticas midiáticas criativas e críticas no contexto da educação escolar:

1. Em primeiro lugar, sugere-se a problematização da situação contextual do currículo dos cursos de Graduação em Pedagogia, bem como nas licenciaturas. Um debate renovado em cada contexto bem como uma atenção maior em nível de políticas públicas nacionais podem oferecer um suporte mais consistente sobre o uso das mídias no cotidiano escolar, que seja de modo transdisciplinar, integrador e transversal. E não apenas como um recurso isolado de tecnologia educacional e informática com fins voltados apenas ao mercado de trabalho. É preciso superar também os enfoques fragmentários, de orientações funcionalistas e tecnicistas. Uma pedagogia dos meios solicita que as mídias estejam voltadas aos modos de integração, relação e problematização de conteúdos e realidades. Sem um maior espaço para a formação dos educadores sobre as linguagens e uso das tecnologias de comunicação e informação, bem como a função ideológica subjacente aos discursos midiáticos, dificilmente conseguiremos transcender o impasse que atualmente se verifica na relação entre mídias e escola.

2. O segundo ponto diz respeito à presença do profissional de comunicação social (que pode ser o jornalista, publicitário, roteirista, diretor de vídeo ou cinema, redator) vinculado à prática escolar. Esta deve ser uma plataforma que se encaminhe a partir da defesa da criação da categoria de *licenciatura* para os Cursos de Comunicação Social. Nesta condição, o profissional de comunicação social poderia ser um educador para o uso dos meios no espaço escolar. Estes profissionais são articuladores entre as práticas de diferentes educadores, disciplinas e séries, mobilizando diferentes sujeitos, interesses e necessidades de produção de comunicação mediada a partir da escola.

Muitas vezes, os educadores não se sentem habilitados a desempenhar as funções de produção midiática. Daí a necessidade de se abrirem as portas para a presença do comunicador social na escola.

Ao longo deste trabalho, vamos nos deparar com várias denúncias de que a escola sofre hoje um processo de crise de descontinuidade histórica, pois não está respondendo às demandas sociais posta pelo nosso tempo. Se quisermos avançar neste caminho, sugere-se aqui que tanto a formação dos educadores quanto a presença do comunicador social às práticas pedagógicas no interior da escola sejam consideradas como prioridades. Ao colocar este debate em pauta, estaremos contribuindo com a transformação — em um nível macroestrutural — da própria escola enquanto instituição social pública e democrática. Estas duas lacunas são de fato geradoras de um estado que acentua uma dificuldade maior para que sejam ampliadas as propostas de práticas midiáticas junto à educação escolar.

Os capítulos que compõem este livro

Este trabalho pretende oferecer uma leitura introdutória sobre questões teóricas e metodológicas advindas do campo da comunicação social e com ênfase voltada às práticas de mediação escolar. Portanto, por se tratar de mediações, buscaremos problematizar os diferentes momentos que constituem os processos de comunicação social: desde a produção à leitura ideológica dos textos e à recepção e consumo das mensagens. Buscou-se dar uma ênfase também aos aspectos constitutivos das linguagens midiáticas, a fim de se encorajar a produção midiática na escola. Neste sentido a sua estruturação está organizada da seguinte forma:

No capítulo 1: *Cultura midiática e mediações no espaço escolar* propõe-se um enfoque sobre a comunicação social ao trabalhar o problema de uma "cultura midiática" em relação à infância e juventude. Enfatiza-se a necessidade de diálogo entre linguagens e conteúdos das mídias e práticas educacionais críticas. Destaca-se também o enfoque da *teoria das mediações* a partir de suas contribuições para uma educação escolar participativa e atenta ao lugar que a mídia ocupa em nosso contexto cultural contemporâneo.

Já o capítulo 2, *Multimídia: linguagens híbridas em texto, imagem e som*, propõe uma análise da convergência tecnológica e das linguagens midiáticas a partir de uma "desconstrução" dos três códigos de significação: texto, imagem e som. Trata-se de uma metodologia que integra o *materialismo cultural* proposto por Raymond Williams (1975, 1977) e a semiologia de Umberto Eco (1975) e que pode ser iluminadora em diferentes análises do texto midiático, seja ele produzido para o computador, o audiovisual (cinema, tv e vídeo) o rádio ou mesmo o texto impresso. Nossa proposta é a de atribuir um sentido mais denso ao termo hipertexto. Sugerimos o termo palimpsesto (Martín-Barbero, 1987) para explorarmos, além da sua característica técnica, também a sua dimensão semântica e os sentidos históricos ali presentes através de suas dimensões residuais, dominantes e emergentes (Williams, 1979).

O capítulo 3, *O uso do vídeo em sala de aula como metodologia participativa,* foi construído com base na experiência de uma pesquisa empírica, realizada em uma escola pública de periferia (que atende à uma clientela de moradores de favela e comunidades empobrecidas). Trabalha-se metodologicamente um exemplo de pedagogia participativa na produção de vídeo para fins de campanhas educativas, documentários, vídeo-dramas, entre outros. São exploradas as diferentes etapas na produção do vídeo: pauta, argumento, roteiro, produção, gravação, edição e veiculação.

No capítulo 4, *A escola como espaço de produção cultural*, defende-se a proposta de uma metodologia de pedagogia dos meios, localizando a escola como espaço que precisa estar aberto à cultura do bairro e da comunidade em que se insere, a fim de dar visibilidade às identidades locais.

E por último, mas não menos importante, está: *Mídia-Educação e Reflexividade: identidades, diferenças e visibilidade*, que constitui o enfoque político, no capítulo 5. Ali são destacadas as contribuições que o uso dos meios de comunicação podem trazer para a prática educativa contemporânea com base na construção de uma *escola cidadã* (Gadotti e Romão, 1997), que invista em visibilidade e cidadania. Neste sentido, enfatizam-se diferentes temas que atendem a uma transversalidade curricular como: a questão da formação de identidades e diferenças socioculturais; o multiculturalismo crítico, projetos de resgate da memória; a dialética entre o local-global; os direitos da criança e do adolescente frente às mídias.

Esperamos que o conteúdo deste livro contribua como mais um nó nas redes de mobilização por uma escola pública, e também as particulares, em que se teçam os fios da solidariedade, direitos humanos e cidadania. Boa leitura!

Capítulo 1

Cultura midiática e mediações no espaço escolar

"A escola não pode cristalizar-se numa só concepção de cultura. Ela precisa abrir-se para novas manifestações culturais, no sentido do próprio respeito pelo outro (...). Por isso, é preciso trabalhar, entre outros, os conceitos de identidade, cultura popular, cultura elaborada, cultura da cidadania e mostrar que o êxito ou fracasso do aluno e da aluna — principalmente os que provêm das classes populares — depende do equacionamento da relação entre identidade cultural e itinerário educativo. A escola deve ser local como ponto de partida, mas deve ser nacional e internacional como ponto de chegada." (Gadotti e Romão, 1997)

Crianças, jovens e a cultura midiática

Ao tratar de cultura[1] — ainda que nas ciências sociais haja dissenso em um quase infinito debate sobre o que o conceito abarca

1. De fato o conceito de cultura torna-se cada vez mais transdisciplinar, na medida em que é investigado e problematizado a partir de vários campos do conhecimento como: filoso-

— vamos nos referir àqueles *sistemas simbólicos (significação e representação)* bem como às *condições materiais* em que se inserem e que os viabilizam, a partir dos quais nós construímos os nossos sentidos sobre o mundo.

Nesta perspectiva, a escola é então — seguindo a proposta de Gadotti e Romão (1997) — local de encontro de muitos sistemas simbólicos, ou seja, de "muitas culturas", seja aquela da bagagem pessoal e de identidade dos diferentes alunos, alunas e professores, seja a cultura erudita que ali é ensinada, ou, ainda, a cultura popular regional do local onde a escola está situada. Este quadro se torna mais complexo quando então acrescentamos a todas estas dimensões o entrelaçamento da cultura midiática que temos hoje. Por exemplo, a TV e o rádio cobrem 98% do território brasileiro, levando informações, entretenimento, valores éticos e políticos aos mais distantes recantos do país. Portanto, não há escola, por mais distante e diversa que seja, que conviva sem a presença de alguma influência da cultura das mídias.

Mas como trazer o debate sobre as mídias para dentro da escola? Um bom ponto de partida é buscar conhecer um pouco mais sobre as teorias da mídia e da comunicação a fim de que estas ofereçam algum suporte reflexivo para nossas ações no espaço escolar. É por este motivo que vamos destacar aqui o enfoque da teoria das mediações. (Martín-Barbero, 1997; Orozco, 1993a)

No conjunto das teorias críticas da mídia e comunicação social contemporâneas existe um certo consenso em se definir as teorias das mediações como aquelas que buscam um *enfoque integral* dos processos de circulação e produção de sentidos. Estes estudos se lançam ao desafio de identificar, conceituar, mapear as operações e os

---

fia e estudos da linguagem, antropologia, sociologia da cultura, crítica literária, estudos de comunicação, entre outros. Isto revela um *corpus* muito amplo diante do qual alguns acadêmicos preferem recusar sua utilidade em vez de desafiarem sua complexidade. Neste livro eu tomo como referência o *materialismo cultural* (Raymond Williams, 1975, 1979), os *estudos culturais* ingleses e as teorias latino-americanas das mediações (Hall, 1993, 1996; Buckingham, 2000, 2003; Martín-Barbero, 1990, 1997, 2001; García Canclini, 1995, 1998; Orozco, 1993b, entre outros) bem como outras contribuições dos estudos de comunicação e práticas simbólicas (Thompson, 1990, 1998; Silverstone, 1994, 1999; Fiske, 1991; Lull, 1988, 1992, 2000).

modos de reconhecimento entre produtores-meios-receptores em um movimento dialético e sócio-histórico. (Orozco 1993b; Martín-Barbero, 1997; Silverstone, 1999; Thompson, 1990; McQuail, 1994)

Segundo Silverstone (1994), especificamente, as teorias das mediações são aquelas que tomam como ponto de partida as *audiências*, ou seja, as comunidades de apropriação e interpretação. E a partir delas são então estabelecidos os nexos com os demais fatores que constituem os processos midiáticos, (textualidades e produção) buscando-se um enfoque de complexidade.

Esta perspectiva teórico-metodológica oferece um referencial a partir do qual se pode refletir sobre as relações entre mídia e suas audiências (portanto a comunidade e a escola) levando-se em consideração fatores que advêm de diferentes momentos da comunicação midiática, aqui entendida como um processo sócio-histórico. Portanto, ao estudarmos a mídia sob esta perspectiva, é interessante que consideremos fatores relacionados:

1) às lógicas e contextos de *produção*, difusão e tecnologias utilizadas;

2) à análise das *mensagens*;

3) aos modos de *recepção*, apropriação ou recusa dos produtos da mídia (localidades, subjetividades, identidades, processos de consumo e ressignificação).

Guillermo Orozco (1995, 1996) se refere a esta perspectiva como um *enfoque integral da audiência*. Sendo assim, ao trabalharmos a leitura crítica de um produto midiático na escola, é interessante partirmos desta abertura: indagando sobre as condições de produção (industrial ou alternativa), os códigos da linguagem, questões ideológicas, bem como os aspectos de recepção, isto é: identificando junto ao grupo as diferentes interpretações que possam emergir (tanto aquelas que são de resistência e recusa quanto as que seguem respondendo aos apelos dominantes).

E isso ainda não é tudo! Para nós, educadores que investimos em uma pedagogia crítica que esteja preocupada com este tema, é preciso pensar também em como endereçar algum tipo de **resposta** aos meios. E esta é uma questão fundamental para compreendermos o conceito de *mediação escolar*: ao identificarmos a escola não apenas como espaço de leitura e recepção crítica dos meios, mas também como *local de produção e endereçamento de respostas às mídias*. Assim a escola passa a contribuir também com um debate mais amplo que alimenta uma *reflexividade social* junto à organização da sociedade civil frente ao conteúdo apelativo, aos exageros do mercado e abusos ideológicos e estéticos que a mídia veicula.

Mas, vamos por partes. Afinal, toda esta complexa relação entre: 1) produção, 2) mensagem, 3) recepção e 4) resposta é objeto de uma discussão bastante avançada no campo científico da *comunicação social*, mas não é verdade que ela já esteja amadurecida na esfera acadêmica que se preocupa com a questão da *educação escolar*.

Portanto, uma primeira questão: no conjunto atual de teorias da mídia e comunicação social, um grande número de estudos já demonstrou que as mensagens da mídia, quando chegam em determinados contextos sócio-históricos são mediadas pelas mais variadas formas de socialização e educação que a vida em nosso planeta nos oferece.

Isto exige um exercício de se pensar em contextos e realidades culturais plurais e diversificados de acordo com o meio ambiente, os modos, estilos e condições de vida, a estrutura econômica, a religião, o modelo familiar, as condições materiais da própria existência. A partir desta perspectiva, corremos um risco menor de centrar o foco apenas na mídia e em suas ações de modo *essencialista, midicêntrico e instrumental*. Isto nos ajuda a compreender também que os contextos escolares são plurais e diversificados e que qualquer iniciativa de uso dos meios deve estar atenta ao fato de que se fale a partir de realidades particulares de recepção e apropriação das mensagens. Neste sentido, é preciso ter muita segurança para tecer generalizações neste debate, pois se corre o risco de receber acusações de "visão totalizante".

Nós vamos trabalhar estas diferentes dimensões dos processos de comunicação social (produção, mensagem, recepção e resposta) nos diferentes capítulos deste livro. E para dar início ao debate, será traçado um breve enfoque sobre o caráter organizacional das instituições da mídia, suas estruturas, modos de produção e difusão das mensagens e as suas relações com a globalização da cultura e da economia.

O jogo de mercado na produção

Como havíamos destacado anteriormente, quando o foco do debate incide sobre as relações entre *mídia, infância e a adolescência*, precisamos levar em consideração o fato de que as crianças vivem, crescem, brincam e apreendem o mundo em sua volta de maneiras muito diversificadas, não restam dúvidas.

Mas há, entretanto, várias dimensões da vida social que definem unidades bastante óbvias em meio à diversidade de experiências e situações em que os seres humanos se desenvolvem em seus contextos culturais particulares. Estas unidades a que nos referimos aqui podem ser compreendidas a partir das *macro-estruturas* que modelam as sociedades e, por conseqüência, as nossas formas de viver. Por exemplo: a estrutura econômica, o poder político, a língua nacional, o modelo educacional e, atualmente, o modelo de gestão da mídia comercial, que nos oferece uma vasta gama de discursos mas que em sua grande maioria são definidos pela lógica do mercado e não pelos interesses dos consumidores.

Isto nos possibilita pensar que, atualmente, ainda que as pessoas vivam em situações tão diversificadas, suas realidades são permeadas por — e muitas vezes oprimidas por — estruturas sociais em comum. Assim, é curioso imaginar como as crianças de países tão diferentes, com culturas regionais tão variadas, podem dar sentidos e significados próprios para programas em comum. A televisão é sem dúvida o meio de comunicação social responsável por termos tantas crianças no mundo se divertindo com brincadeiras em comum. E isso desde os tempos de *Daniel Boom*, *Perdidos no Espaço*, *a Pantera Cor-de-Rosa* e o *Batman*. Ainda hoje, a TV continua a ser o meio mais assistido pelas crianças mesmo com o crescente uso do computador pessoal (PC) no espaço doméstico, pois este ainda é uma tecnologia cara e portanto excludente. Segundo Castells (2001: 261), o quadro da exclusão digital mostra que apenas 7% da população mundial têm acesso à internet. Na América Latina o número de usuários é de apenas 4%. Outros especialistas afirmam que no Brasil este índice não passa de 8%. Estes dados revelam uma situação alarmante.

Portanto, continua importante a atenção às narrativas não-ficcionais e ficcionais difundidas pela TV que são a maior fonte de produtos culturais a informar o imaginário de crianças e adolescentes que freqüentam as escolas em que atuamos. Afinal, os telejornais, programas de auditório, comerciais, telenovelas, programas infantis, bem como a vasta gama de produtos internacionais tais como: *Pokemon, Digimon, Dexter*, as *Meninas Super-Poderosas* entre outros, ainda são a principal oferta cultural para a maioria da população em nosso país. E, neste sentido, fornecem padrões de comportamento, modelos éticos, estéticos e políticos.

Mesmo que as narrativas ficcionais e não-ficcionais oferecidas pela indústria cultural se entrelacem com os sentidos e significados próprios das culturas locais, em seus contextos e realidades múltiplos, *não podemos perder de vista o fato de que a mídia dominante continua a atender aos interesses do mercado e não aos interesses dos telespectadores — muito menos aos anseios das crianças e adolescentes — enquanto cidadãos*. E, neste sentido, a grande tendência é a de que os textos midiáticos façam prevalecer as representações dominantes que sustentam o ideário de uma sociedade de consumo excludente, que incentiva o descartável e o predatório. E, ainda, em termos de representação de papéis sociais, são dominantes os tipos que reproduzem uma ordem classista e patriarcal onde não sobressaem questões sobre emancipação dos direitos da mulher, negros, indígenas, homossexuais, crianças, idosos, portadores de necessidades especiais, entre outras minorias.

Entre bits, gigabytes e vendas em uma "vida digital"

Tente visualizar a cena deste recente comercial de TV, pois ele trata de algo até então inimaginado e que, certamente, logo deixará de ser novidade. O anúncio era mais ou menos assim: uma garota manda um bilhetinho de amor ao seu namorado. Nada mais trivial do que isto. Só que, para tanto, ela toma o seu aparelho de telefone celular, digita o texto, em seguida bate uma fotografia ao jogar um beijo para o próprio aparelho que, além de captar a imagem, a envia junto com o texto para o namorado destinatário distante. O telefone celular de hoje é também uma câmera fotográfica que envia imagens. Tudo se transforma em bits se desintegra em dados e navega pelos ares, criando a falsa percepção de que realmente "tudo o que é sólido se desmancha no ar".

Mas, a quem este comercial está endereçado? Que elite minoritária da população pode mandar bilhetinhos de amor assim? O que mais virá na esteira da linguagem digital e da convergência tecnológica? Que outros equipamentos e possibilidades de comunicação este contínuo movimento de *geração de demandas* mobilizado pela indústria e pelo mercado vai nos mostrar?

O desenvolvimento das novas tecnologias de comunicação e informação — que hoje operam sob a incrível lógica da convergência — associado à euforia da economia de mercado, faz com que nosso contexto sócio-histórico nos imponha novidades a cada dia. E isto certamente acentua e mobiliza um contínuo *desejo ao consumo junto a grande maioria das crianças e adolescentes*, tanto aos poucos que podem ter acesso a estes equipamentos, quanto aos muitos que estão excluídos desta lógica.

E é muito comum nos sentirmos impressionados, às vezes indignados, por outras, até inseguros e impotentes diante desta euforia mercadológica. E esta insegurança se acentua em nossa relação com as crianças que hoje têm acesso a uma vasta produção cultural e simbólica que não foi planejada para elas, sejam programas de TV, *sites* na internet, videogames. Há uma série de produtos expostos às crianças sem que elas sejam o seu público preferencial.

E mesmo que já existam estudos sobre as relações entre mídias e infância, não apenas no campo da comunicação social, mas também na psicologia, cognição, educação, sociologia, antropologia, entre outros, ainda assim a importância da renovação destes quadros de análise e reflexão se mantém cada vez mais atual.

Segundo David Buckingham (2000) ainda hoje, entretanto, não dispomos de um *corpus* sistematizado e disponível de *estudos culturais críticos* que enfoquem e evidenciem estas *mediações*, ou seja, os modos de uso e apropriações destes produtos midiáticos por parte das crianças. Sobretudo a internet. Há poucos estudos críticos sobre o tema. Até então, podemos contar sim com um número significativo de pesquisas sobre os vários outros meios, porém, dentro de uma epistemologia comportamental, cognitivista, funcionalistas bastante inspiradas em relações de causa e efeito, estímulo e resposta e efeitos.

Os *estudos culturais* (ou mediações culturais) com o foco sobre a criança e o adolescente devem problematizar estas *relações* e *operações de sentido* entre estratégias de mobilização (por parte da indústria) e as táticas de apropriação e consumo (por parte das crianças e adolescentes) e que se cruzam nas textualidades dos produtos disponibilizados pelas mídias: redes virtuais e internet (*lan games*, *chats*, por exemplo), rádio, tv, videogames etc. Uma teoria crítica sobre os usos e consumo destas mídias junto às crianças e adolescentes está apenas ensaiando as respostas a esta avalanche de ofertas.

Enquanto pais e educadores, muitas vezes optamos pelo silêncio em vez do diálogo, pois não conhecemos o universo cibernético por onde as mentes criativas de nossos filhos e alunos navegam horas a fio nos confins do mundo digitalizado do computador, da internet e da tela da tv. Certamente o silêncio não deve ser o caminho. A família e a escola juntas precisam se abrir para o diálogo sobre o que se passa na imaginação criativa nos momentos de entretenimento dos adolescentes e crianças.

Alguns contornos estruturais da mudança cultural

Uma crítica que pretenda questionar e desafiar a retórica da ideologia de mercado que está subjacente às aceleradas mudanças culturais deve buscar um aprofundamento. Como nos orienta Roger Silverstone (1999) é preciso cavar para além da superfície e buscar outros significados. Neste sentido vamos buscar delimitar os contornos destas mudanças culturais ao explicitar algumas dimensões estruturais deste processo. Há que se considerar o fato de que o período da história que atravessamos hoje é aquele em que o modelo capitalista de organização econômica e social se consolidou em termos mundiais. As novas tecnologias de base microeletrônica ajudaram a consolidar o processo para que o capitalismo se tornasse global.

Isto nos coloca diante de situações socioculturais muito novas e é comum termos dificuldade de compreender o alcance de suas conseqüências. Esta dificuldade já se revela na própria literatura especializada, pois, na teoria social contemporânea, encontramos uma gama significativa de autores que problematizam estas transformações e definem a realidade social como líquida, dispersa, cibernética, pós-tradicional, pós-industrial, fragmentada, pós-moderna.

Deste quadro emerge também a discussão de que a chamada 3ª Revolução Tecnológica — ou a entrada da tecnologia de base microeletrônica na esfera do mundo produtivo e do trabalho — tem acarretado mudanças significativas nos cenários e estruturas sociais contemporâneas. Ao que parece, o movimento contínuo e dialético da história nos coloca frente à frente com transformações que, como destacou Anthony Giddens (1991), são extensas (sob o ponto de vista do escopo de sua abrangência) e intensas (sob o aspecto do impacto nos indivíduos nas sociedades).

Se, por um lado, esta realidade nos parece absolutamente nova e, por estarmos imersos em seu contexto, termos dificuldade de delimitar seus contornos, por outro lado, consolida o que Karl Marx já anunciara *há bem mais de um século atrás*, naquele que é considerado um dos grandes textos do modernismo, *O manifesto comunista*. Veja que interessante a atualidade desta passagem:

> "... Impelida pela necessidade de mercados sempre novos, a burguesia invade todo o globo. Necessita estabelecer-se em toda parte, explorar em toda parte, criar vínculos em toda parte. Pela exploração do mercado mundial, a burguesia imprime um caráter cosmopolita à produção e ao consumo em todos os países. Para desespero dos reacionários, ela retirou a indústria da sua base nacional. As velhas indústrias nacionais foram destruídas e continuam a sê-lo diariamente. São suplantadas por novas indústrias, cuja introdução se torna uma questão vital para todas as nações civilizadas, indústrias que não empregam mais matérias-primas nacionais, mas sim matérias-primas das regiões mais distantes, cujos produtos se consomem não somente no próprio país, mas em todas as partes do globo. Em lugar das antigas necessidades, satisfeitas pelos produtos nacionais, nascem novas necessidades que reclamam por sua satisfação os produtos das regiões mais longínquas e dos climas mais diversos. Em lugar do antigo isolamento de regiões e nações que se bastavam a si próprias, desenvolve-se um intercâmbio universal, uma universal

> interdependência das nações. E isto se refere tanto à produção material como à produção intelectual. As criações intelectuais de uma nação tornam-se propriedade comum de todas. (Marx e Engels, 1848)

Segundo Marshall Berman (1992) este texto não apenas se caracteriza como uma incrível definição do poder de articulação do capitalismo moderno mas também como uma singular capacidade de expressão — no domínio estético — da desconcertante força de expansão deste sistema político e econômico. Em outras palavras, à mundialização do modelo capitalista de produção soma-se a realidade empírica da globalização cultural.

Para Anthony Giddens (1991), a problemática da globalização precisa levar em conta as questões estruturais que estão conectadas às várias dimensões institucionais da modernidade, dentre elas: 1) o avanço do capitalismo mas também, 2) a divisão internacional do trabalho (industrialismo), 3) a consolidação do sistema de estados-nação (controle de informação e supervisão social) e à ordem militar (industrialização da guerra) e, ainda, e de modo relacional e 4) o desenvolvimento das tecnologias de comunicação e informação.

Isto é importante se destacar pois, muitas vezes, a crítica que se endereça ao fenômeno da globalização limita-se a um ou outro de seus aspectos: ora a questão econômica, ora o aspecto da comunicação e controle da informação. Daí a origem de discussões promovidas por neo-conservadores e arautos do discurso neoliberal via a celebração do "fim da história". Por outro lado os movimentos sociais antiglobalização também limitam-se à dimensão econômica do processo, criticando os modos de exploração e deterioração desencadeados pelo capitalismo global enquanto modelo político e econômico.

O fato é que a globalização é histórica e irreversível. Seus impactos são assustadoramente complexos e têm provocado transformações sem precedentes no mundo do trabalho, nas articulações políticas, nos movimentos sociais, bem como na esfera pessoal dos indivíduos (Giddens, 1994). Estamos todos, de alguma forma ou de outra, via rádio, telefone, TV ou internet, "plugados no mundo", e também as crianças e adolescentes o estão. É certo que há regiões inteiras do globo que não compartilham desta materialidade tecnológica e do acesso a estes meios. Mas o fato é que esta é a cultura dominante dos nossos tempos. Uma cultura em que as mídias desempenham um papel-chave na estruturação de uma nova forma de mundialização.

No debate interno e específico da teoria da comunicação, o fenômeno da globalização foi, inicialmente, explicado de forma bastante otimista e também determinista, principalmente por textos inspirados no trabalho de Marshall McLuhan (1964), cuja definição do mundo enquanto uma "aldeia global" via os meios eletrônicos de comunicação de massa como *determinantes* deste processo. A crítica especializada na teoria da comunicação define estas teorias como midiacêntricas. De fato, a mídia é um fator central, mas não é *o centro de todo o processo*. A globalização é, de fato, conforme já havia sido destacado por Marx (1848) e, também, recentemente reiterado por Giddens (1991), uma trajetória sócio-histórica mais ampla que se configura a partir de diferentes dimensões estruturais que se entrelaçam. A mídia não é a única responsável por todas estas mudanças culturais que enfrentamos hoje. Ela é coadjuvante em processos sócio-históricos mais amplos.

Não há dúvida de que os meios de comunicação contemporâneos caracterizam-se como um ramo exponencial desta expansão, bem como do desenvolvimento científico e tecnológico e muitas vezes voltados para fins militares. Como é o caso da própria internet, que havia sido desenvolvida para fins de controle militar e de inteligência e foi posteriormente disponibilizada para a sociedade civil. As tecnologias de comunicação que temos em nossas casas são desenvolvidas a partir de interesses de grupos e pessoas e de articulações mais amplas que têm como pano de fundo outras dimensões que são estruturais e históricas.

Isto não significa, entretanto que não estejamos alerta para o fato de que a mídia tenha se tornado um dos mais poderosos setores da indústria contemporânea, contribuindo na produção de desigualdades e exclusões, não apenas na indústria de produção de bens simbólicos, mas também na sustentação simbólica e ideológica do modelo de capitalismo global que vivemos hoje. Segundo David Harvey:

> "a publicidade e as imagens da mídia passaram a ter um papel muito mais integrador nas práticas culturais, tendo assumido agora uma

importância muito maior na dinâmica de crescimento do capitalismo. As imagens tornaram-se em certo sentido mercadorias. A competição no mercado de construção de imagens passa a ser um aspecto vital da concorrência entre as empresas." (Harvey, 1993: 260)

A comunicação tornou-se, portanto, um campo poderoso de controle, manipulação, acumulação e expansão de desejos e valores pautados pelos interesses do mercado e não da sociedade civil. Conforme ressalta Belloni, (1992) a indústria cultural, na modernidade tardia, cria uma:

> "'obrigação da comunicação' que produz efeitos extremamente desiguais: não somente quanto ao consumo e ao acesso aos produtos de comunicação, mas também quanto aos seus usos sociais e culturalmente diferenciados. E, principalmente, produz profundas desigualdades sociais e políticas, ao oferecer aos detentores dos meios de comunicação e aos comunicadores facilidades de organizar e gerenciar o social e de influir no processo político, ou seja, em última instância, instrumentos de produção, manipulação das consciências e de imposição de um arbítrio simbólico". (Belloni, 1992: 7)

De fato, a indústria da comunicação (tanto na produção de *hardware* quanto *software*; de bens e serviços) se consolida como um dos setores mais afluentes do capitalismo tardio. Boa parte das grandes empresas que desenvolvem as práticas de comunicação social se caracteriza pela formação de grandes conglomerados econômicos que centralizam as produções. Um quadro macro-estrutural que continua a inibir as iniciativas de produção local e regional.

É importante destacar, entretanto que no conjunto desta narratividade midiática existem contradições, conflitos e brechas. Não acreditamos que haja uma estrutura discursiva monolítica e impermeável. Mas, sim, uma sobreposição de textualidades com aberturas narrativas que possibilitam leituras muito diferenciadas por parte do público receptor. Entretanto, as estruturas econômicas, políticas e de produção ainda são rígidas e viciadas. Por isso é sempre importante lembrar como ocorrem as políticas de concessões em nosso país; como são construídas as instalações físicas de produção e quem detém o direito à maioria da programação.

Portanto, mesmo que haja possibilidades de resistência na esfera do consumo e da recepção, nós precisamos estar atentos ao que a programação nos oferece, bem como às condições de produção do que chega até nós. Afinal, uma coisa não exclui a outra. Um grande equívoco teórico-metodológico, neste caso, é tomar a recepção como espaço de resistência e cruzar os braços como se não houvesse nada mais a fazer.

As mediações não estão dadas. Elas se constituem enquanto ações reflexivas. E podem ocorrer de fato, tanto na esfera da produção quanto na recepção. Para o nosso caso, enquanto educadores, as mediações precisam ser potencializadas, desenvolvidas, trabalhadas. E a escola pode e deve estar articulada às demais esferas da sociedade civil na construção de alianças de transformação, na medida em que se inclua, nesta luta de conquista de poder, junto às camadas excluídas e marginalizadas, com respeito ao acesso às mídias contemporâneas.

Se pensarmos a escola como um local de recepção crítica e de formulação de resposta ao discurso mercadológico, dominante na mídia contemporânea, estaremos ampliando os espaços de ressignificação e transformação tanto da narratividade quanto da própria vida social.

Quem educa as crianças? Família, escola e a opção pela TV

Na medida em que as relações familiares também se transformam com a participação da mulher no mercado de trabalho, o espaço doméstico passa a ser preenchido (uma vez que os pais estão fora para a realização do trabalho remunerado) pela companhia da televisão e — dentre aqueles que têm acesso — do computador. Há várias pesquisas que revelam o número de horas em que as crianças e adolescentes passam diante das mídias. Grande parte delas afirma que o número de horas é sem dúvida superior ao tempo em que crianças e adolescentes passam na escola. José Manoel Morán, por exemplo, nos informa que:

> "A criança chega à adolescência depois de ter assistido a 15 mil horas de televisão e mais de 350 mil comerciais, contra menos de 11 mil horas de escola. A televisão é agradável, não requer esforço e seu ritmo é alucinante. É sua primeira escola. Quando chega aos

bancos escolares, já está acostumada a esta linguagem ágil e sedutora. E a escola não consegue chegar perto dessa forma de contar. A criança julga-a a partir do aprendizado na televisão. (1993: 61)

Ainda que tenham origem em diferentes culturas e classes sociais[2], as crianças e adolescentes de hoje convivem com as mídias (rádio, TV, videogame e computador) de um modo nunca experimentado pelas gerações anteriores. E quais as conseqüências disto? Segundo Muniz Sodré, na esfera do lazer e do entretenimento, a proliferação da imagem eletrônica tem gerado um conjunto de representações do mundo social que:

> "(...) funcionam como dispositivos de mobilização e integração das populações — portanto, como um tipo de administração ou gestão da vida social — e não como mediações explicitamente políticas (geradores de *civitas*) ou pedagógicas (formadoras, aptas a suscitar a compreensão e a descoberta) dentro do modelo democrático tradicional. Entretanto, os *mass media* são dissimuladamente político-pedagógicos. Neles política e pedagogia disfarçam-se com uma roupagem estética. (1991: 27)

Mesmo com o advento do computador, a escola, enquanto instituição socializadora das novas gerações compete com as telas de TV, presentes na grande maioria dos lares brasileiros. Cabe ressaltar que no caso do Brasil, enquanto um país em desenvolvimento, parte de sua população infanto-juvenil sequer tem acesso à instituição escolar, tendo, portanto a televisão como a única "escola". Segundo Belloni:

> "Nos países em desenvolvimento, caracterizados por profundos contrastes sociais, o acesso aos objetos técnicos é também marcado pela desigualdade, tanto regional quanto social. Nestes países, a técnica tende a acentuar ainda mais as desigualdades de oportunidades en-

---

2. Cf. Girardello e Orofino (2001). *A pesquisa de recepção com crianças: mídia, cultura e cotidiano*. UFSC/Funpesquisa. Nesta pesquisa, realizada na cidade de Florianópolis, verificamos que todas as crianças consomem uma média de 4 horas diárias de TV. Apenas aquelas que vivem em uma comunidade pesqueira, onde ainda há muito espaço para brincar na rua, o consumo de TV é menor. A tendência que verificamos foi a de que crianças de classe média-alta ficam dentro de apartamentos com a TV; crianças de favela ficam em casa cuidando de irmãos menores, com a TV.

tre as elites e as populações desfavorecidas. As técnicas de comunicação, entre as quais se destaca a televisão, não escapam a esta regra. No Brasil a TV funciona como uma espécie de 'escola paralela' freqüentada pela quase totalidade dos jovens de várias idades e todas as classes sociais, e muitas vezes ela representa a única escola para aqueles milhões de jovens não-escolarizados." (Belloni, 1991)

Ainda segundo Belloni, nas sociedades atuais, a TV desempenha um papel muito importante na dimensão semântica do processo de socialização, fornecendo as significações e preenchendo o universo simbólico dos telespectadores.

Mas o que fazem os telespectadores com os produtos das mídias? Esta é, portanto, a questão que nos fará novamente mudar o curso de nossa reflexão. Ainda que tenhamos até aqui debatido alguns contornos das dimensões macro-estruturais, econômicas e políticas, vamos agora retornar à esfera do cotidiano e do consumo.

Afinal, há algumas peculiaridades nesta característica autoritária da TV. Ainda que a programação seja definida por seletos grupos econômicos, interpelando o público com os interesses da indústria cultural (como destacamos anteriormente) o conjunto de sua discursividade é extremamente diversificado entre si. São gêneros ficcionais e não-ficcionais muito distintos como, por exemplo, o telejornalismo, as narrativas dramáticas, os programas de debate, os desenhos animados, os videoclipes, que não são necessariamente gêneros criados pela linguagem televisual (com exceção dos clipes), mas sim apropriações da herança cultural e dos gostos populares que antecederam à TV. Conforme ressalta Valério Fuenzallida:

> "Diante, portanto, desta polidiscursividade da TV, o telespectador não desenvolve uma relação homogênea e unívoca, mas sim diversificada, com expectativas e gostos diferenciados. Não deveríamos portanto falar da relação com a TV, mas das múltiplas relações com a TV." (1989: 43)

As pessoas telespectadoras estabelecem preferências diferentes diante do conjunto discursivo oferecido por este meio de comunicação. O consumo não é passivo; pelo contrário, ele é seletivo. E isto acontece em função das mediações culturais que se estabelecem a partir de múltiplas dimensões que constituem a própria experiência do sujeito na vida social.

Os processos de mediação se desencadeiam a partir de uma série de fatores que têm relação com a classe social, o gênero, a raça, a etnicidade, a geração, a religião e a igreja, as agremiações políticas, a família, a cultura de bairro, a cultura de pares na escola, a própria escola!

Por isso convém agora fazermos um novo trânsito em nosso debate sobre as mídias. E este deslocamento é fundamental. *Proponho que agora passemos do debate sobre as estruturas da produção e o autoritarismo de mercado para as mediações que ocorrem na esfera da recepção e do consumo.*

Na teoria da comunicação, este campo de investigação recebe o nome de estudos de recepção. Estes têm como preocupação fundamental compreender como se estabelecem processos de atividade por parte dos receptores a partir de mecanismos de seleção, apropriação ou recusa.

Esta é uma perspectiva de investigação que tem suscitado grande interesse internacional. Mas é aqui, na América Latina, que temos uma grande e significativa reserva de reflexões já produzidas neste campo de conhecimento sobre *as mediações entre meios e audiências*. E isto se deve em grande medida ao importante trabalho do filósofo e teórico da comunicação social Jesús Martín-Barbero. E também à importante contribuição de Guillermo Orozco com a teoria das múltiplas mediações. É do trabalho destes dois autores que vamos tratar no tópico a seguir.

Ressignificando o mundo: brechas, espaços e negociação de sentido

As teorias das mediações ganharam visibilidade na América Latina com o desenvolvimento dos *estudos qualitativos de recepção*[3],

---

3. Os Estudos de Recepção caracterizam-se como uma área na pesquisa internacional de comunicação e possuem uma longa trajetória histórica, ainda que esta designação seja um pouco nebulosa. Em termos gerais, trata-se da problemática de pesquisa que tem na atividade

especialmente a partir dos anos 80. Mas, a preocupação com a *atividade dos receptores* já era tema de debate entre estudiosos críticos na esfera internacional de pesquisa em comunicação social. Os estudos críticos de audiência, como também são denominadas estas iniciativas de pesquisa, ficaram conhecidos com o trabalho do Centre for Contemporary Cultural Studies da Universidade de Birmingham, tendo como nomes centrais os autores Richard Hoggart e Stuart Hall, fundamentados principalmente no trabalho de E. P. Thompson e Raymond Williams. Dentre os autores vinculados ao CCCS de Birgmingham, a etnografia de audiência realizada por David Morley e Charlotte Brunsdon sobre a recepção do programa *Nationwide* registrou o marco inicial desta tendência de pesquisa.

Toda esta produção marca portanto um determinado momento na história das teorias da comunicação: aquele em que se tornou fundamental para a pesquisa crítica investigar os modos através dos quais, em seu cotidiano, cidadãos comuns efetivamente usam os meios de comunicação e produzem sentido a partir de sua vasta discursividade. Buscou-se problematizar o sentido de *atividade* presente nos atos de *consumo*. A pesquisa crítica deslocou o foco das análises estruturais e econômicas da produção, suas determinações e o conteúdo ideológico das mensagens para, pela primeira vez, se debruçar sobre a recepção, os usos e apropriações que os cidadãos fazem da televisão (e de outros meios) na esfera da vida cotidiana.

Como destaca Guillermo Orozco (1993b: 22) as abordagens teórico-metodológicas de estudos da recepção que foram desenvolvidas na América Latina a partir da penetração do conceito de hegemonia de Gramsci e da visão cultural dos meios de comunicação patrocinada pelos estudos culturais do Centre for Contemporary Cultural Studies de Birmingham, somam mais de sete modelos distintos. Dentre eles, destacam-se as correntes conhecidas como: *consu-*

---

das audiências e suas relações com os meios de comunicação o seu foco principal. Entretanto, nem todas as suas vertentes partem dos pressupostos de uma teoria crítica. Segundo Lopes (1995, 1999) e Orozco (1996), estas pesquisas têm o interesse em estudar o nexo entre os meios de comunicação e as audiências e em sua trajetória de desenvolvimento se consolidaram em diferentes correntes: na vertente funcionalista situam-se: *pesquisa dos efeitos*, *pesquisa dos usos e gratificações*. Na perspectiva crítica e hermenêutica: *estudos de crítica literária*, *estudos culturais* e *estudos de recepção.*

mo cultural, desenvolvida por Nestór García Canclini; *frentes culturais*, coordenada por Jorge González no Programa de Estudios sobre las Culturas Contemporâneas (Colima, México); *recepção ativa*, elaborada por Fuenzallida e Hermosilla, pertencentes ao Centro de Indagación y Expresión Cultural y Artística (Ceneca, Chile); o enfoque *uso social dos meios*, concebido por Jesús Martín-Barbero (Bogotá, Colômbia); e *enfoque integral da audiência* (proposta que é de sua autoria).

Neste sentido, as novas teorias latino-americanas que trabalham a relação entre comunicação e cultura têm sido muito criativas na medida em que buscam também superar estas dificuldades relativas à herança multidisciplinar e fragmentária dos estudos da mídia. Elas nos oferecem uma abordagem que enfoca a complexidade dos processos de comunicação social justamente a partir do conceito de *mediações*[4]. Jesús Martín-Barbero, cujo trabalho ganhou visibilidade no Brasil com o livro *Dos meios às mediações* (1997 [1986]), e Guillermo Orozco, que, inspirado no trabalho de Martín-Barbero, desenvolveu o *enfoque integral da audiência*, são os principais autores desta corrente. Na seqüência, vamos apresentar, ainda que brevemente, algumas considerações sobre a proposta destes autores, como um modo aqui de dar visibilidade à rica produção intelectual no cam-

4. Mediação é um conceito que ocupa um espaço cada vez maior e mais freqüente nas teorias sobre mídia e sociedade. É cada vez mais comum, hoje em dia, nos depararmos com este conceito. Isto tem gerado uma certa confusão em torno do seu uso e uma conseqüente perda da sua dimensão crítica. Como os processos de mediação tecnológica, realizados pelos meios de comunicação, são um fenômeno sócio-histórico tão singular e novo, muitas vezes o uso que se faz do conceito de mediação se restringe à *abstrata* ação, *desumanizada* e *neutra* das tecnologias da mídia. Isto é um equívoco. Mediação, enquanto conceito, antecede a própria presença das mídias eletrônicas em nossas sociedades e trata da *ação e intervenção humanas* em processos de produção e circulação de formas simbólicas. Mediação é um conceito muito antigo. Possui uma trajetória longa no âmbito da filosofia que vem de Aristóteles. Mas é em Hegel que se localiza a primeira exploração para uma relação dialética entre indivíduo e sociedade, entre ação e reflexividade. Já foi amplamente explorado no campo das teorias da arte, sobretudo pela teoria marxista. E também no próprio campo da educação, a partir dos escritos de Gramsci. Mas, seguramente, há uma confusão existente nas teorias contemporâneas da comunicação e mídia. Pois ao problematizarem os diferentes processos de mediação que os meios desempenham, falham em recorrer à dimensão crítica do conceito. Por isso a necessidade de nos voltarmos a um resgate da dimensão dialética e crítica e localizar a *ação humana* nestes processos. Neste sentido — o da relação entre mídia e mediações — a obra dos autores latino-americanos é sem dúvidas uma grande contribuição.

po da comunicação e da cultura que tem emergido na América Latina dos anos recentes.

Sobre a obra de Jesús Martín-Barbero

Jesús Martín-Barbero é hoje um clássico da literatura de comunicação internacional (Lopes, 2002). É um pensador que tomou a desordem cultural latino-americana não como tema de pesquisa, mas sim como "enzima" da nossa condição social. Muitas vezes, as críticas produzidas sobre a sua obra decorrem de uma dificuldade de compreendê-lo, dada a densidade com que explora as várias faces e dimensões das relações entre comunicação e cultura. Não será possível expor aqui a complexidade de sua argumentação. Mas vamos apresentar, conforme exposto em outro texto (Orofino, 2003), uma síntese realizada a partir de três aspectos:

1) enquanto paradigma;

2) em sua análise da cultura;

3) o desenho teórico-metodológico de sua proposta.

Enquanto *paradigma*, Martín-Barbero busca uma ruptura com as estruturas de pensamento dominantes no campo da comunicação e da cultura, sobretudo, a hegemonia funcionalista nos modos de pensar a comunicação inclusive, pelas teorias mais progressistas. Seja pelo moralismo de direita (que atribui aos meios uma decadência moral e de valores) seja pela crítica das esquerdas que ora compreende a ação dos meios de comunicação como reflexo das ideologias e, portanto, como desorientação, alienação (dominadores-dominados), ora compreendendo os modos de resistência como uma chave mágica para libertação, porém reforçando uma oposição binária: meios (dominadores)/cidadãos (consumidores ativos).

Segundo Martín-Barbero, as relações entre comunicação e cultura são muito mais multifacetadas e uma ruptura epistemológica reside na necessidade de se problematizar a relação entre meios e sociedade a partir de noções como *trama* ou *teia* de complexidades. Para tanto seria necessário superar determinados esquemas mentais que reproduzem relações de causa e efeito, linearidade ou oposições excludentes. Daí a necessidade de um *mapa noturno* (visto que os mapas disponíveis ainda não dão conta de uma representação integral do processo). Nas palavras do próprio autor:

> "Mapa noturno: um mapa para indagar a dominação, a produção e o trabalho, mas a partir de um outro lado: o das brechas, o do consumo e o do prazer. Um mapa não para a fuga mas sim para o reconhecimento da situação a partir das mediações e dos sujeitos. Para mudar o lugar de onde se fazem as perguntas, para assumir as margens não como tema, mas como enzima. Porque os tempos não estão para sínteses e são muitas as zonas na realidade cotidiana que ainda estão por ser exploradas, em cuja exploração não podemos avançar se não tentarmos, sem mapas, a menos que seja um mapa noturno." (Martín-Barbero apud Reguillo e Toscano, 1998)

Em síntese, sua abordagem solicita, além de um deslocamento do lugar das perguntas, também, o pensamento complexo ao problema da comunicação social. É necessário sabermos sobrepor, não apenas as diferentes matrizes disciplinares das ciências sociais e humanas, mas também as diferentes dimensões e níveis que, entrelaçados, constituem o processo da comunicação social, como o nível histórico, social, estético e subjetivo, por exemplo.

É preciso explorar as ambigüidades. "Assistir televisão — como destaca Orozco — é um processo que se estende para além do ponto de contato entre os indivíduos e a tela". Não se trata de um processo linear do tipo estímulo-resposta ou causa-efeito, mas sim de uma conjugação de fatores subjetivos, sociais, culturais e históricos.

Trata-se também de entender as audiências como coadjuvantes em um processo de criatividade social, de modo que se levem em conta suas demandas, lutas, heranças, memórias e imaginário que de um ou outro modo também interpelam e pautam as produções da indústria cultural. Trata-se de entender os modos através dos quais se processa uma *produção social do significado* a partir de uma *análise integral do consumo*, entendido como o *conjunto dos processos sociais de apropriação dos produtos* (Martín-Barbero, 1997: 290). Afinal, produção e consumo são interfaces de um mesmo problema.

Enquanto *análise da cultura*, Jesús Martín-Barbero preocupa-se fundamentalmente com a questão da *cultura popular*, mas não em um sentido purista e preservacionista que entende o popular como o folclore ou como aquela parcela da cultura que não é o erudito, e é, portanto, o exótico.

Para Martín-Barbero, no campo da cultura, o erudito, o massivo e o popular não podem mais ser compreendidos separadamente, visto que nas sociedades contemporâneas a mídia, ela própria, se constitui em um elemento de cultura que, ao transformar os modos anteriores, se constitui ela própria em uma nova forma cultural. *O que é importante para nós educadores é compreender como estas novas formas culturais sustentam velhos conteúdos que reproduzem as ideologias de dominação e os preconceitos de classe, gênero, orientação sexual, étnicos, geracionais, entre outros.*

Outra noção importante em sua argumentação é a de *mestiçagem cultural*, que, para Martín-Barbero, como latino-americanos, é o que nos constitui enquanto cultura. Mas essa mestiçagem não se restringe, segundo ele, somente às etnias e sim ao que dá forma à vigência cultural das diferentes identidades que se hibridizam: o indígena no rural; o rural no urbano; o folclore no popular; o popular no massivo; o erudito no popular, o popular no erudito e assim por diante. Na América Latina, essa hibridez não é um tema, mas sim a essência mesma, enzima, fato social, razão de ser tecida de temporalidades e espaços, memórias e imaginários.

Portanto, não há mais como imaginar a pureza do indígena, a inocência do popular; a perversidade do massivo, a canonização do culto ou erudito. Tudo se mescla e se funde. Tudo se torna híbrido. A indústria cultural, ao produzir a *telenovela*, por exemplo, solicita uma memória social e coletiva, herança do folhetim, herança do melodrama em que as populações se reconhecem ou não; dialogam; apropriam-se ou recusam. Portanto, não há uma lógica fixa dominador-dominado mas sim um jogo de tensão permanente, uma negociação em torno dos gostos populares, prazeres e usos. Segundo o autor, isto é complexo pois:

> "(...) nem toda a assimilação do hegemônico pelo subalterno é signo de submissão, assim como a mera recusa não é de resistência, e que nem tudo o que vem de cima são os valores da classe dominante,

pois há coisas que vindo de lá respondem a outras lógicas que não são as da dominação." (Martín-Barbero, 1997: 111)

Nessa redefinição, é possível também captar como o político se revela a partir do cultural, na medida em que a cultura passa "a assinalar a percepção inédita do conflito social na formação de novos sujeitos sociais e identidades culturais: regionais, religiosos, sexuais, geracionais em suas novas formas de rebeldia e resistências".

Como *desenho teórico-metodológico* para a compreensão desta *produção social do sentido*, sua proposta é a de que, na medida em que a comunicação é localizada como um problema de cultura, rompe-se com a instrumentalidade tecnicista de se pensar apenas nos meios; rompe-se com o pessimismo apocalíptico que vê na mídia apenas a degradação e homogeneização do cultural, e configura-se um novo problema: aquele de buscar captar as articulações, os *nexos* entre o multifacetado cenário das negociações que ocorrem no espaço da *recepção* (consumo cultural) com suas demandas, memórias e estruturas de sentimentos e as lógicas de ativação destas competências culturais por parte da *indústria cultural*, suas estruturas de produção e dispositivos de enunciação e de constituição de seus mercados.

Portanto, para Jesús Martín-Barbero, o estudo da comunicação social é muito mais do que apenas estudo dos meios. Ele é um problema de mediações. Estes *nexos*, entre estas diferentes dimensões de um mesmo processo, são identificados pelo autor em um estudo sobre o consumo cultural, em que telenovela, por exemplo, em vez de ser compreendida como mero produto de alienação, foi identificada como modo de endereçamento às camadas populares em que se: a) ativa uma *competência cultural* construída a partir de modos de narrar, neste caso, o melodrama enquanto gênero residual; b) reconstroem dinâmicas da *cotidianidade familiar*, a partir de novas interações, situações e rituais; c) a *temporalidade social*, a distinção entre tempo do trabalho e tempo do ócio — sendo o primeiro o tempo seriado e o segundo o tempo fragmentado. Na TV, o tempo fragmentado é a representação do tempo do cotidiano e não do trabalho na fábrica. A ficção seriada faz agora uma mediação entre o tempo do capital e o tempo da cotidianidade.

A trajetória intelectual do autor

Em termos teóricos, o trabalho de Martín-Barbero pode ser visto a partir de dois momentos particulares: um período marcado por matrizes vinculadas à filosofia e à semiologia, e, um segundo, marcado pelo contato com uma sociologia crítica da cultura. Neste segundo momento de sua carreira, Martín-Barbero deixa de ter como centro de atenção as teorias do discurso e da linguagem para apresentar uma preocupação com questões colocadas pela antropologia, pelos conflitos sociais e a problemática da cultura em geral.

No campo da televisão, as análises transcendem de reflexões puramente semiológicas e de discurso para análises a partir do social, do cultural, buscando trabalhar uma história social das culturas. Este "trânsito" é explicado pelo autor com as seguintes palavras:

> "Vinha eu da filosofia e, pelos caminhos da linguagem, me deparei com a aventura da comunicação. E da heideggeriana morada do ser fui parar com os meus ossos na choça-favela dos homens, feita de pau-a-pique mas com transmissores de rádio e de antena de televisão. Desde então trabalho aqui no campo da mediação de massa, de seus dispositivos de produção e seus rituais de consumo, seus aparatos tecnológicos e suas encenações espetaculares, seus códigos de montagem, de percepção e de reconhecimento." (1997: 15)

O movimento, portanto, foi de um trabalho preocupado com a problemática da ideologia e da manipulação e persuasão, como impositoras de suas lógicas à comunicação social para um outro olhar sobre o fenômeno todo, que buscava superar uma compreensão de emissor-dominador e receptores-dominados. E, sim, invertendo o processo, localizar na cultura o espaço das contradições e conflitos que necessariamente atravessam os processos da comunicação, dando visibilidade às resistências, mimetismos, mestiçagens, vendo a estrutura social, bem como a "estrutura" das mensagens, como espaço atravessado de lutas e conflitos.

Em termos da localização geográfica, sua obra é fundamental para a teoria crítica também brasileira, pois Martín-Barbero é um dos primeiros a propor um *materialismo cultural* (como desenvolvido por Raymond Williams, por exemplo) para nossa própria realidade sócio-histórica em que esta questão é vista como proposta e como método: "tendo como lugar de partida a situação latino-americana terminará na exposição convertendo-se em lugar de chegada." (1997b: 17) O autor propõe uma *homologia* na qual a América Latina é aquele lugar cultural onde a realidade da comunicação pode ser entendida, ela própria, como um território particular onde reside:

> "A mestiçagem, que não é só aquele fato racial do qual vivemos, mas a trama hoje de modernidade e descontinuidades culturais, deformações sociais e estruturas do sentimento, de memórias e imaginários que misturam o indígena com o rural, o rural com o urbano, o folclore com o popular e o popular com o massivo." (1997: 17)

Com relação a uma crítica à ciência, Martín-Barbero (1997: 51) compreende a produção teórica e do conhecimento como um dos espaços-chaves da dependência. Um dos nossos maiores riscos, ao importar idéias, é aplicá-las de modo desencaixado do contexto sócio-histórico em estudo. Na América Latina, um dos principais alvos para o qual os pesquisadores críticos têm direcionado suas acusações tem sido as práticas fundamentadas nas teorias funcionalistas e seus métodos quantitativos. O autor realiza uma meta-crítica ao falar que as denúncias ao funcionalismo ocorrem muito mais na teoria, mas segue no desenvolvimento da prática da pesquisa. Não se supera a racionalidade que o sustenta e assim seguimos amarrados a seus esquemas: primeiro da mensagem, depois de impactos, de efeitos à recepção, mantendo sempre a fragmentação, os momentos isolados, "as velhas dicotomias ideologia/técnica escamoteando a materialidade e a peculiaridade dos processos".

As mediações múltiplas *em Guillermo Orozco*

Na tentativa de operacionalizar o conceito de mediação para a pesquisa empírica de recepção televisiva, Guillermo Orozco[5] propõe

---

5. Mesmo que nesta década já houvesse um número significativo de outros autores latino-americanos em circulação entre os debates acadêmicos nacionais (Jorge González, Jesus Galindo, Valério Fuenzallida, por exemplo) nenhum outro autor encontrou tamanha

que este seja entendido como um processo estruturante que configura e reconfigura tanto a interação das audiências com os meios, como a criação — por parte das audiências — do sentido desta interação. (Orozco, 1993a)

Neste enfoque, o autor busca definir os processos de trocas e reelaborações simbólicas que um determinado produto da indústria cultural sofre em seu processo de recepção. Orozco define que no processo de recepção, os espectadores não assumem, necessariamente, um papel passivo. Segundo ele:

> "A atividade dos espectadores acontece de diversas maneiras através de uma seqüência interativa que implica em diversos graus de envolvimento e processamento do conteúdo televisivo." (Orozco, 1991)

O autor destaca também que os espectadores estabelecem relações de negociação com o meio televisivo, dentre elas a apropriação, mas também a recusa e a contraposição. Além disso, o telespectador, além de assistir TV, é também filho em uma família, aluno de uma escola, membro de um grupo de amigos e pertencente a um grupo sociocultural específico, onde se distingue devido ao gênero, idade, orientação sexual e religião, por exemplo. Portanto, os cenários socioculturais agem como *mediadores* no processo de recepção, pois o telespectador "não nasce pronto, mas se faz, ao longo da experiência da vida".

---

ressonância em nosso país como a obra de Orozco e sua proposta das *mediações múltiplas*. No âmbito dos estudos qualitativos de audiências, um número significativo de dissertações de mestrado e teses de doutorado tomaram como referencial a sua proposta. Isto se deve ao fato de que Orozco não apenas trabalha conceitual e teoricamente a problemática das mediações, mas, acima de tudo, propõe uma abordagem metodológica que foi aplicada em diferentes projetos de pesquisa empírica sob a sua coordenação, sobretudo com o público infantil e familiar. Este autor trouxe também uma importante contribuição para trabalhos que buscam uma conexão entre a mídia e ações culturais críticas no espaço escolar, identificando – uma vez mais — através da pesquisa empírica, as diferentes formas com que a instituição escolar habitualmente aborda e medeia os discursos midiáticos.

Interessante notar que Orozco, a partir do seu universo conceitual, revela-se uma renovação do referencial teórico de Martín-Barbero, visto que este último explora o conceito de mediação a partir dos clássicos da sociologia da cultura, em especial sua discussão dentro do marxismo em diálogo com Walter Benjamin, Mikhail Bakhtin e Raymond Williams. Ao passo que Orozco toma como referência os estudos críticos de audiência internacionais mais recentes: a própria obra de Martín-Barbero em diálogo com Klaus Jensen, James Lull, David Morley, David Buckingham, John Fiske e em textos mais recentes com a teoria da estruturação de Anthony Giddens.

Portanto, o autor explica que as mediações se manifestam em forma de ações e de discursos que se originam em várias fontes: a classe social, o gênero, a subjetividade, a orientação sexual, a idade, a etnicidade, os próprios meios de comunicação, as instituições sociais e situações contextuais etc.

Visto que todas estas dimensões estão em jogo, sobrepostas e entrelaçadas no complexo cenário da recepção, Orozco propõe um quadro teórico denominado *múltiplas mediações*. Ele oferece uma tipologia que classifica estas diferentes mediações em quatro grupos, e destaca que a cultura impregna todas elas. Estas *múltiplas mediações* são: a individual, a situacional, a institucional e a vídeo-tecnológica.

A *mediação individual*, que leva em conta as dimensões cognitivas e subjetivas dos atores sociais (articuladas às categorias de gênero, idade, etnicidade e classe social, orientação sexual).

A *mediação situacional* considera os diferentes cenários em que ocorre a interação entre a TV e as audiências: lar, boteco, quarto, sala de estar, escola, igreja etc.

A *mediação institucional* fala dos sistemas e estruturas sociais em jogo e destaca o papel desempenhado pela família, escola, cultura de bairro, e demais instituições sociais que atuam como cenários que medeiam a recepção aos meios.

A *mediação vídeo-tecnológica*[6] que busca compreender que a televisão (ou o outro meio que estiver em estudo) como instituição social não reproduz simplesmente outras mediações. Para Orozco (1993) a televisão produz sua própria mediação e utiliza recursos próprios e muito particulares para representar a realidade social.

O conceito de mediação escolar

Se a escola é local de encontro de "muitas culturas" que provêm tanto de identidades quanto de diferenças socioculturais, então

6. Se quisermos ampliar o conceito para as outras tecnologias como o rádio, computador e internet, devemos usar apenas o termo mediação tecnológica e trabalhar a especificidade material e de linguagem do meio de comunicação sobre o qual estivermos pesquisando.

é preciso buscar sobrepor todas as mediações, em jogo a partir daquele cenário. Ali se entrelaçam as mediações principalmente a *institucional* (afinal, a escola é uma instituição social das mais rígidas e estruturadas ao longo da história). Mas não apenas esta pois as múltiplas possibilidades de negociação de sentido nem sempre emergem da esfera institucional, mas também e principalmente da *situacional* e *individual*.

E assim, por meio das trocas de saberes entre os pares, nos pátios, durante jogos e brincadeiras, nas conversas informais, as crianças e adolescentes dão continuidade ao seu papel de telespectadores ativos e criativamente produzem novos sentidos sobre os produtos midiáticos que consomem todos os dias.

Portanto, estes processos se iniciam a partir da *mediação individual* que se efetiva nas trocas pessoais e intersubjetivas. Cada aluno, cada aluna, cada professor, cada funcionário (e aqui entram em tensão as dimensões cognitivas, étnicas, de classe, de gênero, geração, raça, orientação sexual etc.), no convívio diário dentro do espaço escolar, contribui de um modo ou de outro para interferir no debate social sobre a mídia.

Ali na escola, dependendo do que se assistiu na TV, o assunto cai na roda. Pode ser um atentado, uma tragédia, um comício ou o último capítulo da novela das oito. Todos comentam, interferem, dialogam e trocam saberes e opiniões, negociando, ressemantizando aquilo que a mídia coloca na agenda do debate social. Daí a evidência de que a recepção é ativa e mediada pelo contexto sócio-histórico de que fazem parte os telespectadores ou usuários.

Portanto, a escola já é um local de mediações. Só que, de fato, a escola subestima esta condição e deixa este papel social relegado ao espontaneísmo do dia-a-dia, sem potencializar sua condição de mediadora e sem assumir a responsabilidade sobre isto. Desta forma, a escola torna-se muito mais um espaço de mediação *situacional* do que *institucional*. Uma vez que as mediações ocorrem muito mais no pátio da escola do que na sala de aula.

Se concordarmos com esta condição, podemos estar correndo o risco de nos aproveitarmos de uma situação mais cômoda, mas menos responsável. O que nós precisamos, enquanto educadores críticos, é assumir a responsabilidade institucional da escola nestas mediações, isto é: intensificando as possibilidades de ressemantização, diálogo, debate e resposta sobre o que os alunos e alunas recebem na mídia nossa de todo dia. E, ao propor modos de resposta, estar assumindo também o seu papel na produção de conhecimento sobre a *mediação tecnológica*.

Várias escolas já adotam iniciativas de uso dos meios no contexto pedagógico e para que isto aconteça, não existem fórmulas e receitas prontas. O que é necessário, isto sim, é a abertura e vontade política de *experimentar* e também de correr os eventuais riscos que se revelem ao longo dos processos de *criação de novos caminhos*.

Capítulo 2

Multimídia: linguagens híbridas em texto, imagem e som

> "A escola desvaloriza a imagem e toma as linguagens audiovisuais como negativas para o conhecimento. Ignora a televisão, o vídeo; exige somente o desenvolvimento da escrita e do raciocínio lógico. (...) Não se trata de opor os meios de comunicação às técnicas convencionais da educação, mas de integrá-los, de aproximá-los para que a educação seja um processo completo, rico, estimulante." (José Manoel Morán, 1993: 3)

Um olhar sobre a questão da tecnologia e linguagem

As tecnologias, quando analisadas sob o enfoque de uma *teoria dos usos sociais* dos meios de comunicação (Silverstone, 1994; Martín-Barbero, 1997) ou também do *materialismo cultural* (Williams, 1975) são problematizadas — sempre — em relação ao contexto sócio-histórico do qual elas fazem parte.

Sendo assim, também o tema da tecnologia torna-se amplo, complexo, diversificado. É possível relacioná-lo a múltiplas questões da vida social como: o mundo do trabalho, o desenvolvimento científico, a produção de subsistência, a saúde, o lazer etc. Enfim, técnica (no sentido de produção) e tecnologia (em termos de reprodução) são o que nos permitem viabilizar nossas ações de intervenção e transformação da natureza a fim de traduzí-la em formas materiais e simbólicas. E assim produzir e reproduzir *cultura*.

Aqui, neste texto, nosso debate sobre tecnologias não assumirá essa amplitude, e nem seria o caso. Vamos limitar nossa abordagem às relações entre *tecnologias de comunicação e produção de linguagem* porque, como destacado antes, não há mais como tratarmos de educação nos dias de hoje sem falarmos dos recursos que as mídias nos oferecem e como estes já estão sendo apropriados pelas crianças e adolescentes na construção de seu imaginário e produção de suas subjetividades e identidades. (Buckingham, 2003; Morán, 1993)

Buscaremos também oferecer aportes sobre um referencial teórico em particular que atualmente é conhecido como *usos sociais das tecnologias*, ou usos sociais dos meios de comunicação. Isto significa que dentro do amplo debate sobre o tema, há diferentes epistemologias, teorias e metodologias que lidam com esta questão e que, neste conjunto, faremos nossa escolha teórica. Com ela esperamos oferecer uma melhor tradução sobre a complexidade das relações que envolvem a presença das mídias em nossa cultura contemporânea. O que se pretende aqui é um distanciamento de perspectivas teóricas anteriores e que são bastante dominantes até hoje nos estudos sobre tecnologias e educação. Com base em Raymond Williams (1975), buscamos nos distanciar de tendências que incorram em visões de caráter:

a) Determinista: pois toda forma de determinismo, seja o econômico, o histórico ou o tecnológico, tende a totalizar uma dimensão particular da vida social em detrimento de outras. Como se o fato gerador de mudança prescindisse de outras dimensões que lhe são coadjuvantes. O determinismo tecnológico, no campo da comunicação social, assume que a mídia é responsável por todas as mudanças culturais, de modo isolado e centralizado. Este enfoque é também conhecido como midiacentrismo.

b) Sintomática: pois são tendências teóricas que falham na articulação das dimensões econômicas, sociais e históricas no desenvolvimento das tecnologias. São teorias em que a tecnologia é vista como um produto autogerado, gratuito, como uma dádiva. São perspectivas geralmente otimistas e não-críticas (muitas vezes ufanistas) e também isolam a mídia das dimensões sociais mais amplas.

Já uma abordagem ancorada na perspectiva dos *usos sociais das tecnologias* busca problematizar as relações entre demandas sociais em diálogo com os imperativos da produção. Localiza-se aí o percurso histórico na constituição de uma tecnologia particular, indagando-se sobre como se processa uma dialética entre interesses industriais e comerciais e usos sociais. Busca-se visualizar também a *agência humana na produção e nos interesses* que mobilizam o desenvolvimento de tecnologias particulares. Por exemplo, segundo Silverstone e Hirsch:

> "Tecnologia é produzida em ambientes e contextos, como resultado de ações e decisões, interesses e visões de homens e mulheres em trabalho, em organizações e instituições com interesses econômicos e políticos complexos e cambiantes. Estas organizações e instituições freqüentemente fornecem uma estrutura para alianças e redes entre os atores para se engajarem no trabalho potencial de pesquisa, desenvolvimento, produção e distribuição de tecnologias. Tecnologias emergem, e nós passamos cada vez mais a ver isto claramente, como o resultado de complexos de ações, objetos, políticas e culturas. E tecnologias (tanto hardware como software), incorporam em seu design e em sua engenharia, algo desta complexidade, bem como levam as marcas da sua produção social e da sua capacidade de reproduzir os valores sociais e políticos da sociedade que as criou." (Silverstone e Hirsch, 1994a: 3, tradução minha)

Esta corrente teórica se preocupa em verificar as relações sociais não apenas na produção, mas também no consumo, identificando como os contextos locais definem modos diferentes de apropriação das tecnologias. Novamente eu cito um exemplo extraído de Silverstone (1994b) em que relata uma passagem muito curiosa sobre algumas comunidades pesqueiras do Sri Lanka. Um bom exemplo do que se entende por *usos sociais das tecnologias*. Ele conta que:

> "A chegada do gelo trouxe nova fonte de riqueza aos pescadores tradicionais, uma vez que a sua produção poderia agora ser transportada para os mercados do continente. Mesmo assim, as vilas per-

maneceram isoladas e remotas, sem eletricidade, estradas e água encanada. E, apesar da carência daquilo que nós consideramos necessidade básica na vida cotidiana, alguns pescadores ricos investiram em aparelhos de TV, garagens para os carros e cisternas nos telhados". (1994: 78)

Curiosamente, os pescadores instalaram aparelhos de TV que não podiam ser assistidos. Como entender esta escolha ou por quê? Esta é a pergunta que o próprio Silverstone nos faz e, na tentativa de respondê-la, nos oferece três diferentes interpretações. Em primeiro lugar, a visão do antropólogo Stirrat que relata tal comportamento como um atestado absurdo e exagerado de um modo de consumo copiado dos valores de classe média. Em contraponto, um outro antropólogo, Gell, sugere que, sim, sem dúvida, a TV se insere em uma rede notável de consumo, mas que este consumo fala das vidas dos pescadores, do trabalho depositado ali a partir dos seus ganhos. A televisão, sem sons e imagens, simbolizava o oposto do que eram as suas vidas: ela corporificava a modernidade e suas conquistas. A terceira e última interpretação é mais dramática e parte de uma leitura sociológica. Segundo Stephen Hill, não foi o gelo mas sim a mecanização dos barcos pesqueiros e a introdução das redes de náilon que transformaram a economia local levando, ao uso do dinheiro, à ruína a maioria dos pescadores pobres, minimizando relações sociais tradicionais e criando um microcosmo de uma estrutura social da sociedade capitalista, da qual eles tinham, agora, se tornado dependentes.

São três olhares diferentes para reiterar o que Roger Silverstone quer destacar com esta passagem: que toda tecnologia precisa ser problematizada a partir das suas relações com o contexto sócio-histórico no qual ela está inserida. Como o autor destaca: "Ela não vem nua. Ela não vem neutra". A presença de aparelhos de TV naquelas comunidades está entrelaçada a uma série de outros fatores que são cultural, social e historicamente mais amplos.

Por outro lado, quando o caso é mesmo assistir televisão, o autor nos fala que estamos participando de uma experiência que é histórica e que suporta o peso de nossa inserção em um mundo carregado de significados, um mundo

> "de significados ordenados a partir de uma crescente rede global de sistemas culturais e instituições, sistemas que incluem a sofisticação e convergência tecnológica da informação e comunicação — as telas, os satélites, as fibras óticas, os computadores — que inclui instituições multinacionais que possuem um crescente controle na produção e exportação de programas em escala global, a internacionalização de conteúdo em produtos culturais híbridos realizados em co-produção para distribuição mundial." (Silverstone, 1994b: 79)

Porém, este mesmo sistema inclui o doméstico. E ali, segundo este autor, reside o subúrbio, local onde as certezas da dominação encontram as incertezas das resistências, onde as audiências e os consumidores despejam seus próprios significados sobre o hardware e o software da televisão de um modo sempre desigual, mas em constante engajamento e luta por controle.

E neste contexto suburbano, ou *nas comunidades* como nos referimos no Brasil, está a escola. Ali também "as certezas da dominação encontram as incertezas da resistência". E nos seus pátios ocorrem as trocas entre pares, discussões sobre pontos de vista e gostos populares. E é fundamental trazermos este debate para a prática institucional da escola, em diálogo mesmo com a educação. Uma prática crítica que saiba distinguir as ideologias e delimitar os contornos estruturais de toda a densidade social simbolizada em um simples aparelho de TV. Afinal, ainda segundo este mesmo autor:

> "Televisão é certamente tecnologia. Mas assisti-la não é apenas uma questão de se assistir a uma janela do mundo, como se de alguma forma o vidro da tela oferecesse uma visão inocente e não embaciada pelas políticas de representação." (Silverstone, 1994b: 79)

Em síntese, a perspectiva dos usos sociais dos meios de comunicação investe em uma leitura sobre o fenômeno das tecnologias que tenta desnudar as relações, des-naturalizar os processos sóciohistóricos que as construíram e entender as *demandas sociais* que pautam tais transformações. Esta compreensão da tecnologia está em diálogo com a perspectiva teórica do materialismo cultural de Raymond Williams que busca relacionar a tecnologia às dimensões históricas, políticas e sociais mais amplas.

Sobre televisão/vídeo e as novas tecnologias digitais

No ano 2000 a televisão brasileira completou 50 anos de existência. Na verdade, as primeiras experiências de transmissão da imagem já haviam sido realizadas em 1933 por Roquete Pinto, no Rio de Janeiro. Mas o responsável pela inauguração do primeiro canal de produção e transmissão de TV no Brasil e América Latina foi Assis Chatteaubriand com a TV Tupi Difusora, em São Paulo, em 18 de setembro de 1950. Isto garante à TV brasileira uma trajetória bastante longa na mediação de massa da cultura brasileira.

É interessante observar que uma análise da trajetória histórica da comunicação de massa demonstra é que um novo meio não excluiu ou superou o anterior. Ao contrário do que muitos anunciaram. Existem transformações, é claro, mas para os objetivos de uma pedagogia dos meios é importante ter em mente que cada meio de comunicação tem a sua especificidade e objetivo de uso. Afinal, se formos falar em velhas e novas mídias, precisamos lembrar que o livro não foi superado pelo cinema, que não foi superado pela TV, o jornal não foi substituído pelo velho rádio, que também continua a ter o seu espaço importante na difusão de informação. É certo que todos estes meios sofreram transformações substantivas com a emergência de uma nova técnica e de fato recriam e assumem novas características a partir delas.

E mais do que isso, todas estas formas culturais "residuais" operam hoje sob a lógica da *convergência tecnológica viabilizada pelo suporte digital.* Isto significa que as propostas de mediação escolar e da pedagogia dos meios precisam considerar todas as formas culturais que tenham antecedido a linguagem digital. É isto que enriquece o processo criativo e estético!

Caso contrário, podemos correr o risco de cair em modismo ou imposição de mercado quando o interessante é apelar ao acervo de formas culturais que antecedem a tecnologia digital. Pois estas novas linguagens digitais oferecem ricas possibilidades de uso, produção e transformação das formas culturais anteriores. Por exemplo: é possível recriar a dramaturgia dentro do vídeo; é possível recriar a pintura, as iluminuras, o *cartoon*, a música (seja clássica ou *pop*), a fotografia, o grafite e por aí afora. Os conteúdos devem responder às necessidades do projeto político-pedagógico da própria escola. Suas demandas e estratégias de articulação interdisciplinar entre os educadores e alunos. Já o uso da *forma* tende a ser cada vez mais rico em termos de novas possibilidades com o advento da convergência tecnológica.

Vamos acompanhar a trajetória da TV para demonstrar como as tecnologias de comunicação se modificaram sem perder a sua importância de uso.

A velha TV, que continua nova

Atualmente a TV, enquanto sistema tecnológico, atravessa grandes transformações e vive uma nova fase no seu desenvolvimento material, tanto nos modos de difusão quanto de produção de linguagens.

Com uma trajetória histórica que tem início a partir do uso e aplicação de tecnologias mecânicas, um segundo momento marcado pelo desenvolvimento do sistema eletrônico/analógico, hoje os sistemas digitais passam a mudar significativamente as estruturas de produção, difusão e recepção das mensagens audiovisuais. Os sistemas digitais são definidos por Barker como:

> Aqueles que permitem que a informação seja organizada eletronicamente em bytes, em pequenas unidades discretas de informação, que podem ser comprimidas durante a transmissão e descomprimidos na chegada. Isto permite que uma quantidade bem maior de informação possa se deslocar por qualquer conduto dado, seja ele o cabo, satélite ou sinais terrestres (isto também abre zonas do espectro de uso não utilizadas previamente) e em grande velocidade sobre longas distâncias. Na realidade, o impacto das novas tecnologias em geral e dos sistemas digitais em particular pode ser resumido em termos de velocidade, volume e distância. O que quer dizer maior informação em maior velocidade em longas distâncias." (Barker, 1999: 48)

Com os usos sociais das tecnologias digitais surgem novos apelos estéticos ligados à convergência tecnológica e às possibilidades de fusão de formas culturais em hipertextos. Mas, ao lançar um olhar mais atento à história da televisão enquanto tecnologia, verifica-se que a TV, enquanto forma cultural convergente/híbrida, é uma característica que está presente desde os primeiros esforços de sua implantação, ainda na década de 20.

Analisar a genealogia da TV (Armes, 1999) — em termos de uma história das linguagens técnicas — é se deparar com uma herança colossal de superposições em que texto, som e imagem andam juntos. Desde as primeiras formas de transmissão de informação via telégrafo, depois a gravação e reprodução de música (o disco e o gramofone) que foram um forte impulso para o rádio; também com o desenvolvimento da fotografia e do cinema, e inclusive as primeiras transmissões de som com o telefone.

Mas, em termos de tecnologia de difusão, o meio ao qual a TV mais se assemelha é o rádio, pois a TV é *broadcast*, isto é, sistema de transmissão aberto, de difusão em grande escala. Ela pode cobrir 99,8% do território de um país! É o que acontece no Brasil. A televisão chega às pessoas como o rádio. Ela é o rádio com imagens e esta é a sua característica tecnológica central.

Por isso mesmo, a TV enquanto tecnologia precisa ser analisada a partir de duas dimensões: o hardware (relativo ao aparato tecnológico envolvido em seus sistemas de produção e transmissão: o sistema teletecnológico) e o software (sua linguagem e produção simbólica).

Estas dimensões são inseparáveis, uma depende e está vinculada à outra, uma se transforma na outra. De qualquer forma é preciso lembrar que mesmo que estas duas dimensões estejam sempre entrelaçadas convém distingui-las, pois, o poder político de uma determinada classe se consolida tanto na viabilidade do acesso ao aparato tecnológico-material (hardware), quanto à questão tecnológico-discursiva (software).

Daí a importância de uma crítica cultural que esteja atenta às esferas materiais como: modos de concessões, produção, transmissão e difusão. O problema maior dos monopólios e das concessões, especialmente no Brasil, reside sobretudo nas suas capacidades de penetração viabilizadas por sistemas de difusão via satélite cujo raio de abrangência é territorial, nacional. Desta condição resulta também um silenciamento das produções regionais que não encontram condições materiais que possam ser equiparadas aos modelos dominantes pautados pelas grandes redes. As produções regionais acabam enfrentando grande dificuldade em abrir espaço para a veiculação de seus produtos.

É importante destacar também que, sob o ponto de vista de *produção*, TV não se reduz a vídeo ou vice-versa. São sistemas, linguagens e práticas diferentes. Atribui-se à produção de TV o objetivo de difusão em sistema aberto, *broadcasting*, e hoje também a cabo. Além do mais, a TV abarca muitas outras formas culturais em seu modo de veiculação: o cinema, o esporte, os comícios etc.

Já quando se trata de vídeo, geralmente fala-se de produções autorais, independentes e com distribuição e veiculação em circuitos e canais paralelos (ainda que muitas vezes os vídeos independentes cheguem às telas comerciais da TV). São produtos geralmente voltados aos interesses das minorias e dos movimentos sociais em que existe uma liberdade experimental maior.

Mas há um ponto bastante comum entre os dois (televisão e vídeo) que é a *relação com os receptores*. Tanto a produção televisiva quanto a vídeo-produção chegam aos receptores, na grande maioria das vezes, através da *tela pequena* do aparelho de TV, do monitor.

Por isso, quando Guillermo Orozco (1996) fala de uma mediação videotecnológica, ele quer destacar a relação que os telespectadores têm com a *tela pequena* e o que quer que venha a eles/elas através de suas 525 linhas de varredura e seus 200 mil pixels, que são os pontos de luz que constituem o mosaico reticulado de imagens sobre a tela.

O tamanho da tela interfere diretamente na constituição de uma linguagem própria para o meio televisão e para a linguagem do vídeo. Afinal, a tela da TV comporta pequena quantidade de informação, daí a explicação para o uso excessivo dos primeiros planos, e de tomadas muito mais rápidas do que aquelas utilizadas no cinema.

Além disso, os recursos narrativos privilegiam os detalhes, a metonímia (ou seja, a parte pelo todo). Convém destacar também que se usa bastante a linguagem verbal, isto é, em televisão, o texto verbal ancora, de certa forma, a "precariedade" da imagem. Visto que, em comparação à imagem fotoquímica (difundida pelo cinema e fotografia), a qualidade da imagem eletrônica é inferior.

O sistema de imagem difundido pela televisão é chamado de baixa definição. Convencionalmente, chama-se definição o maior ou menor número de pontos informacionais por espaço dado.

> "Comparando o número de retículas da tela de vídeo com o número de grãos microscópicos que cobrem a película fotográfica de 35mm, é evidente que o último leva uma vantagem acentuada com relação ao primeiro." (Machado, 1988)

Esta mesma discussão entre alta e baixa definição motivou Marshall McLuhan (1964) a classificar a TV/vídeo como meio frio, em virtude da baixa definição. O que, por outro lado, demanda uma maior participação sensorial da pessoa que consome a informação difundida por este meio de comunicação.

Com o uso de recursos digitais, a linguagem da TV vai perdendo a distância com o universo da informática. Desde a captação das imagens, o uso de recursos de computação gráfica ou a própria edição no computador através de sistemas não-lineares. O que possibilita alterações e distorções da imagem, tornando a falsificação cada vez mais verossímil. Arlindo Machado descreve esta nova fase da seguinte maneira:

> "O que caracteriza essa nova fase é a imensa manipulabilidade da imagem, não apenas ao nível da articulação dos planos, através do corte e da montagem, mas, sobretudo, no nível interno, na articulação dos elementos visuais dentro do quadro. A imagem realista convencional obtida com a câmera passa a ser dissolvida numa rede de efeitos gráficos acentuadamente abstratos, que afastam cada vez mais a televisão do seu padrão figurativo original. A evolução de uma linguagem analógica para uma linguagem digital pode ser definida como a transformação de uma televisão predominantemente figurativa em uma TV predominantemente gráfica." (1988: 158)

Apesar de utilizar novos recursos técnicos que definem uma nova forma para a programação em geral, a TV comercial, digamos, convencional, tem mantido e privilegiado velhos conteúdos, perceptíveis no conservadorismo, principalmente, dos comerciais, mas também das telenovelas, dos telejornais, dos programas infantis etc. Os conteúdos têm privilegiado aspectos da cultura consumista, classista, patriarcal, de etnia branca, heterossexual. Mesmo que haja tanta novidade tecnológica, há também muito retrocesso no conjunto geral da programação. E o nosso trabalho é justamente manter ligada a proposta da leitura crítica. É claro que sempre existem as brechas e é importante revelá-las, mas é um fato que o conservadorismo se mantém numa luta permanente pelo poder.

Os programas infantis, em grande parte, se constituem em projetos de promoções de vendas muito bem articulados. Convém relembrar que, independente do fato de os atores sociais terem relativa autonomia diante da TV, de terem a opção de desligá-la, de mudar o canal, ou ainda de que o produto sofra múltiplas mediações no processo de recepção, não podemos esquecer de que o processo de emissão das mensagens é determinado por seletos grupos econômicos que têm privilegiado discursos insistentemente conservadores.

Características da linguagem híbrida: formas culturais, gêneros narrativos e formatos de programas

Vamos sugerir neste subcapítulo que, com os novos recursos viabilizados pelas tecnologias digitais e suas características de convergência, a TV/vídeo se utilizam, cada vez mais, uma linguagem híbrida. Isto se dá em função de uma *densidade estética* que carrega em si tamanha pluralidade de formas culturais, gêneros narrativos e códigos de linguagem que, como destaca Jesús Martín-Barbero (1987: 53), trata-se de uma textualidade enquanto *palimpsesto*. Isso quer dizer que é um modo de representação da realidade que, na mesma medida em que cria o novo, conjuga também uma herança de diferentes formas culturais e gêneros narrativos que se originam em materialidades e suportes diversos em texto, imagem e som.

Trata-se de uma densidade que é muito mais cultural e histórica do que técnica, daí a aventura de explorá-la, desvendá-la, desfrutá-la na escola em parceria com as crianças e adolescentes. Quanto mais completa e complexa for esta conjugação de suportes, tanto maior a evidência de sua densidade textual. E é claro que a convergência tecnológica enriquece este processo.

Quando se fala em palimpsesto há algo que vai além do hipertexto, pois não é apenas o aspecto tecnológico do instrumento com seus comandos, aplicativos e funções que está em questão. Mas sim suas dimensões técnicas em relação aos seus aspectos *sintáticos* e, sobretudo, *semânticos*.

Este tipo de exercício de desconstrução da linguagem híbrida, que estamos propondo aqui, pode ser realizado tanto com um programa de TV/Vídeo, um filme, um software, um site na internet ou um videogame. O importante é a conjugação de texto, imagem e som. É claro que a intertextualidade está presente em todas as formas de expressão cultural, como, por exemplo, o texto literário, a pintura, a fotografia. Entretanto, o debate sobre intertextualidade abarca sobremaneira a *dimensão semântica* na produção social dos significados. Sobre intertextualidade dedicamos um trecho na seqüência deste subcapítulo. Por ora, nos interessa desconstruir a textualidade híbrida a fim de dar visibilidade às diferentes materialidades e suportes conjugados em suas produções. O que atende aos objetivos de uma *análise sintática* dos produtos culturais em estudo. Ainda que as dimensões sintática e semântica das textualidades constituam uma relação dialética tanto quanto *forma* e *conteúdo*, esta desconstrução nos atende na medida em que seus fins são absolutamente didáticos e analíticos.

Vamos iniciar esta discussão utilizando um exemplo relativo a televisão e que foi extraído da obra Raymond Williams (1975). Segundo este autor, a narratividade da televisão comporta elementos culturais que são *residuais, emergentes* e *dominantes*.

Isto se deve, é claro, ao *caráter convergente do suporte tecnológico* de que a TV dispõe ao se afirmar enquanto linguagem. E aqui é importante destacar que o televisual tem as suas particularidades distintivas em termos de linguagem com relação ao que genericamente se conhece por *audiovisual*. Televisão (guardadas todas as particularidades dos modelos emergentes) ainda é produção cultural para ser veiculada em sistema aberto, modelo *broadcasting*. Este é um fator diferencial que precisa sempre ser levado em consideração pois, televisão, em termos de suporte material, se diferencia de vídeo e de filme.

Analisar a televisão enquanto forma cultural sob a perspectiva do palimpsesto significa identificar em sua narratividade em *materialidade eletrônica* aquelas expressões de formas culturais precedentes.

As formas culturais e o residual na TV

Ao veicular velhos e novos conteúdos, a TV o faz por meio de uma linguagem que se caracteriza pela somatória de formas culturais que a antecederam; uma espécie de superposição e resgate de expressões culturais diversas e que concomitantemente, também define o *novo*. O televisual é em si uma forma cultural e possui alguns formatos que lhes são específicos, como a telenovela (herança longínqua do romance de folhetim) e o videoclipe (a novidade por excelência).

Mas não é preciso prestar muita atenção para percebermos que há muitas outras formas culturais presentes na TV. (Williams, 1975) Como se uma força centrífuga (Corner, 1999) sugasse várias outras formas culturais para sua narratividade, por exemplo: a oratura ou o modo de narrar pela oralidade; a música; o telejornal, que tem como referência as formas anteriores de mídia impressa; a fotografia, em todo aspecto da visualidade; a pintura, no conjunto de ilustrações; as iluminuras nas artes gráficas; os programas de debate, que remetem aos encontros públicos, sermões em igrejas, comícios; os programas educativos, que já existiam enquanto palestras e aulas; a teledramaturgia, que se sustenta nas mais longínquas formas de drama no teatro e posteriormente no cinema; o romance de folhetim, que desencadeou as telenovelas; aspectos do circo que estão, de certo modo, nos programas de auditório em que se exploram os excessos; o futebol e outros esportes, que resgatam a antiga cena das arenas e estádios, os anúncios impressos, o rádio, o *cartoon* etc.

Para Williams (1975), não se trata apenas de uma questão de combinação e desenvolvimento de formas precedentes mas, sim, de uma adaptação que levou a mudanças significativas.

De fato, o televisual enquanto linguagem abarca esta pluralidade de formas. Um bom exercício — em sala de aula ou como preparação de atividades para uma pedagogia dos meios — é explorar uma *grade de programação*, geralmente publicada nos jornais de domingo e identificar o número de formas culturais ali traduzidas. A partir daí pode-se reconstruir historicamente o trajeto destas expressões. Assim é possível verificar que muito mais do que um aparato técnico o que temos no televisual é uma recriação de formas culturais historicamente desenvolvidas pela humanidade.

A questão do gênero narrativo

Os gêneros também são modos de classificação de estruturas semânticas. Entretanto, a teoria de televisão revela uma profunda confusão em termos classificatórios com respeito aos gêneros e formatos.

Nicholas Abercrombie (1996: 55) sugere que há dois grandes gêneros que compõem a textualidade de televisão: os *ficcionais* e *não-ficcionais*. Estabelecer uma distinção entre estes dois terrenos pode ser um bom começo para se discutir a questão. Entretanto, a fronteira entre estas duas classificações não deve ser rígida, visto que a televisão tem nos mostrado o tempo todo que a dramaticidade da vida social rompe ela própria com estas delimitações classificatórias.

Para Jesús Martín-Barbero, (1997) os gêneros ficcionais são matrizes históricas que revelam modos de narrar que são reelaborados a partir das novas materialidades e formas. Este autor nos oferece uma das mais esclarecedoras interpretações sobre o sucesso da telenovela na América Latina, que se justifica, segundo ele, pelo apego ao *gênero melodramático*.

O melodrama é extremamente identitário da cultura latino-americana a partir do qual as pessoas se identificam, se reconhecem, se vêem. Isto não quer dizer que a telenovela seja instrumento de manipulação ou alienação, como a crítica ortodoxa propôs. O gênero narrativo, por ser histórico, mobiliza as audiências a partir da memória social enquanto modo de reconhecimento das maiorias. Isto se caracteriza como uma ambivalência que tanto aponta para as regras mercantis e interesses ideológicos como para os modos de reconhecimento por parte do público. Por isso, a crítica à telenovela deve ter clareza de que nem tudo é alienação e que muito do que a telenovela propõe está em diálogo com as demandas sociais mesmas.

A análise e interpretação dos gêneros ficcionais têm sua origem no campo dos estudos literários; entretanto, com o desenvolvimento das indústrias de produção simbólica, estes deixam de ser objeto de reflexão exclusivo deste campo do conhecimento e migram para novas disciplinas, sobretudo a comunicação e a antropologia.

Como destaca Sílvia Borelli (1999: 279): "Os gêneros se configuram como um espaço permanente de mobilidade e transformação e podem ser qualificados como dinâmicos, móveis, capazes de incorporar as transformações que historicamente se impõem".

Na telenovela, por exemplo, os gêneros se caracterizam como territórios de ficcionalidade e hoje em dia tendem à hibridez, isto é, à mescla e fusão de diferentes gêneros em uma única narrativa (por exemplo: melodrama com comédia e suspense em um mesmo produto).

Para Raymond Williams (1977), no estudo da mediação não importa tanto a classificação formalista que ordena as narrativas em gêneros e sub-gêneros, como: *épico, lírico, dramático, picaresco, romance, comédia, tragédia, melodrama, literatura infantil, aventura, suspense, terror, humor, jornalístico, versos ligeiros, histórias de mistério e detetive, oratória pastoral, provérbios, enigmas, sátiras e ficção científica etc.* O que importa, para o estudo das mediações, é entender que:

> "O gênero não é um tipo ideal, nem uma ordem tradicional, nem uma série de regras técnicas. É na combinação prática e variável e até mesmo na fusão daquilo que constitui, abstratamente, diferentes níveis do processo material social, que o gênero tal como conhecemos se transforma num novo tipo de evidência constitutiva." (1977: 184)

A questão do formato

O formato do programa é mais fácil de identificar se tomarmos novamente como base uma grade de programação de qualquer TV. Destas que são publicadas nos jornais de domingo. Ali vamos encontrar não apenas gêneros, mas estes traduzidos em formatos industriais. Os mais comuns são programas infantis de auditório, telejornais que possuem diferentes formatos de acordo com o horário de exibição, vinhetas comerciais, telenovelas, minisséries, programas políticos, entre outros.

Atualmente, a novidade em termos de formato são os programas chamados *shows* de realidade (*reality shows*) como *Big Brother*, *No Limite* e *Fama*, que são na verdade cópia de formatos cujos direitos autorais são de propriedade de outras emissoras estrangeiras, para as quais o Brasil paga o direito à reprodução.

Para exemplificar a questão do formato seria interessante tomar como exemplo a teleficção seriada que é produzida no Brasil, tão conhecida de todos nós a partir das famosas telenovelas. A nossa teleficção seriada está basicamente estruturada a partir dos seguintes formatos: o *Unitário*, o *Seriado*, a *Microssérie*, a *Minissérie* e a *Telenovela*[1].

Segundo Palottini (1998: 22), o *Unitário* é um tipo de teleficção levada ao ar de uma só vez, com duração de aproximadamente uma hora. Trata-se de um produto fechado, cuja unidade dramática (*plot(s)*) esgota-se em um único episódio (exemplo: *Terça Nobre* e *Brava Gente*, ambos da TV Globo).

O *Seriado* é uma produção estruturada em episódios independentes, que não necessita obedecer a uma seqüência em sua exibição. (Exemplo: *A Grande Família, Os Normais,* também da Globo.)

A *Minissérie* é um tipo de ficção seriada que começa a ser gravada com a trama toda escrita, também fechada. Geralmente resulta de adaptações de obras literárias. A minissérie se mescla atualmente com a *Mininovela*.

No caso da *Telenovela*, sua principal característica é a de ser uma ficção seriada com agenda para término; entretanto, é considerada *obra em aberto*, isto é, a trama sofre mudanças em sua construção a partir dos índices de audiência e das preferências do público.

---

1. Para as diferenças específicas entre cada um desses formatos ver: Lopes, 1999; Palottini, 1998; Freire Lobo, 1997.

Os três códigos de significação: texto, imagem e som

Nós estamos tão acostumados com a linguagem televisual que se torna comum compreendê-la como um conjunto de construções "naturais", que obedecem a determinados padrões de "normalidade" discursiva. Nós precisamos estar atentos para a diferença entre aquilo que é "normal" e aquilo que é hegemônico, dominante.

Com o advento da computação gráfica, a linguagem da televisão torna-se cada dia mais sofisticada, ganhando um ritmo cada vez mais dinâmico, acelerado, com a sobreposição de muitas informações no mesmo instante. A tela da TV é constantemente recortada com várias imagens. Recursos como a fusão, por exemplo, sobrepõem informações variadas que constroem novas significações.

O exercício de leitura crítica precisa dar conta tanto da dimensão formal da obra quanto da dimensão de seu conteúdo, em uma relação dialética. Portanto, a análise das ideologias nas representações de classe, gênero, raça, etnia, orientação sexual, geração, religião, entre outras (por exemplo: o número de pessoas negras representadas na telenovela, como elas são representadas, as mulheres, como são construídas suas personagens etc.) precisa ser articulada à *forma* como são produzidas. Neste sentido, a análise dos *três códigos de significação* contribui bastante para este objetivo.

Afinal, a atividade de crítica ideológica necessita estar articulada à compreensão dos elementos que compõem e definem a imagem, a trilha sonora e o texto verbal — que são os três diferentes códigos da linguagem audiovisual — em uma relação dialética entre forma e conteúdo.

A semiologia, enquanto teoria geral dos signos, nos possibilita compreender as unidades mínimas de significação (signos) e suas articulações entre si na construção de representações. Ela nos permite, também, compreender a arbitrariedade de determinadas opções, nos revelando o caráter social e histórico (portanto, potencialmente transformável), da construção das linguagens e das relações entre significante e significado.

Uma discussão para definir alguns conceitos para a realização de uma leitura da linguagem audiovisual, enquanto um sistema de signos, está na obra de Umberto Eco (1975) que traz grande contribuição para uma análise semiológica da mensagem. Segundo este autor:

> "um signo é tudo aquilo que, com base em uma convenção social previamente estabelecida, pode ser usado como algo que está no lugar de outra coisa." (Citado em Seiter, 1987: 19).

De uma forma bastante sucinta é possível afirmar que a linguagem híbrida, tanto da TV, do vídeo, do filme, como do computador, se caracteriza como um complexo processo semiológico que, ainda com base em Eco (1975), utiliza signos em *três diferentes códigos de significação*[2]:

1) *O código verbal/texto*, também chamado de código lingüístico, diz respeito ao uso da palavra. Aqui os signos são chamados *símbolos*, pois a palavra é um símbolo que substitui o objeto real que ela representa. Na linguagem audiovisual, ou em hipertextos, em geral o código lingüístico pode assumir as formas oral ou escrita. No caso do texto oral, este pode ser *ao vivo*, quando a pessoa que narra o fato está no quadro, ou em *em off*, quando só se utiliza o som da fala e a imagem do narrador é coberta por outras imagens. Já o texto escrito sobre a tela chama-se "caracteres" e estes são usados sobre as imagens com variados recursos gráficos.

2) *O código icônico/imagem*. O ícone é um tipo de signo cuja representação se assemelha ao fato representado. A fotografia é um bom exemplo, diferente da palavra que não possui semelhança com o que representa. O código icônico diz respeito à imagem e a todas as dimensões de composição do quadro imagético como: planos de enquadramento, tomadas, efeitos gráficos, iluminação, ilustrações, desenhos, cenografia, figurino, maquiagem, interpretação, angulação de câmera, movimentos ópticos, e assim por diante.

3) *O código sonoro/som* é formado por signos *indiciais*; eles nos indicam, ou sugerem, ou apontam para alguma informação. Por exemplo, um determinado ritmo pode sugerir suspense ou alegria.

---

2. Verifique o Anexo 1: *glossário de termos técnicos* para uma visão mais completa dos conceitos utilizados na produção de roteiros e de audiovisuais.

São elementos coadjuvantes na construção das emoções. Aqui nós devemos observar tanto o uso da trilha sonora, que pode ser descritiva (geralmente canções que falam do personagem) ou incidental (apenas instrumental). Os efeitos como os ruídos e onomatopéias também compõem este código.

Em suma, os signos podem ser de natureza simbólica, icônica ou indicial, em um processo de encadeamento em que um gera um outro, revelando o que se chama de processo de semiose. Um exercício interessante, tanto para o educadores como para toda turma, é desconstruir os diferentes códigos de significação de um programa em particular: um filme de Charles Chaplin, por exemplo, em que não há o código lingüístico (filme mudo em que a interpretação do ator é extremamente expressionista), um desenho animado, um comercial, uma telenovela, ou até mesmo um CD-Rom ou um site. Este deve ser um exercício que antecede a etapa de produção de qualquer textualidade na escola.

Já ao trabalhar a produção de uma textualidade na escola, o educador deve levar em consideração todas as possibilidades de formas, gêneros, formatos e códigos disponíveis nestas diferentes dimensões.

É sempre bom lembrar que o uso deve ser parcimonioso e reflexivo, escolhendo-se criativamente as possibilidades, sem exageros ou carnavalizações (ao menos que este seja o objetivo estético da produção). O importante é saber que se pode contar com tantos recursos narrativos na produção criativa de linguagens híbridas na escola.

Linguagens híbridas e intertextualidade

Na seqüência deste capítulo, vou falar da relação entre texto e intertextualidade, o que complexifica ainda mais esta discussão, pois avança na dimensão do imaginário e dos significados sociais, ou seja: a dimensão semântica do texto.

Para tratar da questão da intertextualidade, vou seguir o caminho traçado por John Fiske, um autor extremamente conhecido por ter desenvolvido uma teoria da cultura televisual (*Television Culture*; Fiske, 1991). Sua obra é muito útil para este trabalho, pois vincula a perspectiva dos estudos culturais à uma análise materialista das textualidades audiovisuais.

Vou destacar na seqüência algumas considerações importantes para se pensar a televisão enquanto forma simbólica/cultural e para a necessidade de se compreender o discurso da televisão, sob o ponto de vista videotécnico, também a partir da noção de intertextualidade.

Esta não é uma característica exclusiva do meio televisual; porém, ela opera na televisão de maneiras específicas. Ela também não diz respeito apenas às textualidades, mas principalmente às relações entre textualidade e leitor e ao acesso aos *repertórios e competências de quem "lê"* um determinado produto.

Fiske resgata a noção de Barthes de que a cultura é uma trama de intertextualidade. Isto é, todos os textos referem-se apenas a outros textos e nunca ancoram sua referência em uma realidade final. Barthes chama a atenção para a idéia de que personagens e eventos representados somente podem ser entendidos em termos de suas relações intertextuais. Assim, a cultura, enquanto trama de significados intertextuais, não reconhece fronteiras entre gêneros e meios de expressão.

Entretanto, o autor destaca que para compreendermos como isto acontece na TV é preciso identificar os seguintes pontos: as relações primárias, as relações secundárias, a cultura oral, o sujeito e a formação social.

Relações primárias se referem ao conceito proposto por Barthes. Todos os textos representacionais e seus leitores têm acesso à este "banco de referências" intertextuais e os textos não se referem uns aos outros diretamente, como no velho sentido literário de alusão, mas, sim indiretamente via um potencial intertextual.

Relações secundárias referem-se à uma produção industrial de textos secundários que divulgam, promovem, criticam os textos produzidos pela TV. Estes textos funcionam para ativar determinados significados e para legitimar determinados prazeres em detrimento de outros. Há as matérias de revistas especializadas, as críticas e fofocas a respeito de atores, diretores, atrizes etc.

Cultura oral refere-se à nossa capacidade de fazer das produções veiculadas pela TV nosso assunto diário em relações informais.

As fofocas das pessoas a respeito da TV não são apenas uma resposta a ela, mas também uma forma de contra-leitura, por exemplo: a opinião de uma pessoa pode interferir em nossa leitura de um determinado produto. A cultura oral nos possibilita compreender como os significados promovidos pelo texto estão sendo mobilizados e "lidos de volta" através do discurso promovido pela TV. A TV incorpora os sentidos sociais da cultura e os devolve em forma de produto.

O sujeito e a formação social

Para Fiske (1991) nós construímos nossos significados a respeito da experiência social e material através da intertextualidade. A leitura de um texto é paralela à leitura de uma experiência social, isto é, a luta em torno da construção dos significados tem equivalência com as lutas e disputas hierárquicas na sociedade maior. "A experiência textual e a experiência social são diferentes, mas possuem conexões. As competências e os repertórios discursivos que estão envolvidos na construção dos significados se sobrepõem e se informam mutuamente". As relações intertextuais são complexas e diversificadas. Elas são inerentes aos processos de consumo e produção dos textos e significados.

Políticas de significação/Ideologias

A discussão a respeito do potencial ideológico que a televisão desempenha continua a ser importante. Em primeiro lugar, é preciso destacar que não existe uma pretensa "neutralidade" na produção de informação.

Todo telejornal, toda telenovela carrega em si as intencionalidades daqueles que a produzem. É certo que esta intencionalidade se colide e confronta entre os diferentes interesses em jogo na produção de um determinado programa. Por exemplo: um jornalista trabalhador de uma redação pode ter interesses que colidam com os de seu patrão empresário, gerando um jogo de forças e busca pelas brechas no interior da produção. Isto é muito comum. Na teoria da comunicação, este movimento é conceituado como as *mediações na produção*[3].

Mas convém lembrar que a tarefa de interpretação da ideologia consiste em identificar aquelas formas de representação que são utilizadas para sustentar relações de dominação, o que envolve "explicitar a conexão entre o sentido mobilizado pelas formas simbólicas e as relações de dominação que este sentido ajuda a estabelecer e sustentar". (Thompson, 1990: 379)

Portanto, toda a atividade de intervenção ou movimento social que avance na crítica e problematização das ideologias (que sustentam relações de dominação de classe, gênero, raça, etnia, orientação sexual, geração etc.) são chamados de processos de construção de *reflexividade social.* E é neste sentido que precisamos avançar.

Dentre as várias correntes teórico-metodológicas que se "debruçaram" sobre este assunto, destaco também a contribuição dos estudos culturais ingleses e a importância que o conceito de ideologia recebe em suas teorizações. Stuart Hall destaca que:

> "Teorias da ideologia, mesmo que difiram entre si, aceitam como básico a capacidade da sociedade de criar e sustentar uma forma de cultura dominante e de auto-interesse, gerando representações e imagens, idéias e valores que disfarçam as realidades da existência social." (Hall apud Silverstone, 1994)

Ao se desvelarem as operações da ideologia nos produtos da mídia, (e de demonstrar a atividade crítica por parte dos receptores) contribui-se para a demonstração de que determinadas formas de dominação cultural ainda se mantêm. O fato de que as audiências possuem autonomia relativa, nas relações com as textualidades veiculadas pela TV, não descarta a importância de buscarmos identificar como a ideologia dominante opera através dos meios massivos de comunicação.

As dimensões ideológicas estão presentes, ao nível de construções discursivas, tanto no conteúdo do produto (que ganha corpo

---

3. Ver Orofino, Maria Isabel (2002). *Mediações na produção de teleficção: tecnologia e reflexividade na produção de "O Auto da Compadecida"*. Tese de Doutorado. ECA, USP.

através do gênero narrativo e formato industrial) como na forma de veicular determinados significados (que se concretiza mediante os usos das técnicas de texto, imagem e som).

A TV comercial opera sim através de uma administração das energias e dos investimentos afetivos, com finalidades econômicas e políticas. Segundo Tomaz Tadeu da Silva, em seu livro *Neoliberalismo, Qualidade Total e Educação*, estes discursos apelam à:

> "uma nova economia do afeto e do sentimento, uma nova forma muito mais sutil de envolvimento e engajamento dos sujeitos e das consciências que a crítica tradicional, baseada em noções racionalistas e instrumentais de poder e interesse, pode ser incapaz de perceber, captar, penetrar e contestar. Essas novas formas de constituição da identidade pessoal e social partem de uma compreensão muito precisa do papel da chamada cultura de massa. Nessa compreensão, os chamados meios de comunicação não são vistos propriamente como meios de "comunicação" ou como meios de representação da realidade, mas como meios de fabricação da representação e de envolvimento afetivo do espectador e consumidor". (Silva, 1994: 18)

Eu não apenas concordo com a fala de Tomaz Tadeu da Silva, mas reitero a sua preocupação, citando dois outros estudiosos da relação entre mídias e infância. Hodge e Tripp (1986) destacam que nós, adultos, não prestamos atenção na complexidade das mensagens da TV e que simplesmente fazemos de conta que nada acontece diante da tela, subestimamos a importância cultural da mídia e as estratégias que utiliza para moldar a realidade e criar falsas necessidades, de reproduzir estereótipos, legitimar desigualdades e exclusões diante do público (destaque-se aqui o público infantil e adolescente).

Como destaca Fiske (1991), televisão usa estes métodos para conotar os significados. As construções de cenas e personagens apresentados na tela operam em um nível de significação que busca as conotações e faz assim emergir os referenciais que trazemos em nossa bagagem cultural. Os signos portanto não são entidades independentes; eles são solicitados e respondidos através de acordos entre os membros de uma cultura e operam entre "escritores" e "leitores" no plano da intersubjetividade.

Segundo Fiske, uma das formas através das quais a influência cultural chega aos indivíduos é através da ativação dos mitos que, neste sentido, têm a função de organizar os significados em um repertório inteligível e reconhecível pelos membros de uma comunidade. Mitologia e ideologia referem-se a conjuntos de valores inteligíveis, que são ativados através das formas de representação. Esta é uma das operações mais corriqueiras que ocorrem no consumo da televisão: é a de ter o repertório cultural continuamente ativado pelas significações presentes na linguagem, sobretudo no domínio da imagem. Resta indagar: que repertório é ativado em detrimento de que outro?

Para se verificar como a ideologia opera uma política de representações em determinado produto audiovisual é preciso levar em conta aspectos que vão desde os papéis sociais representados na tela, o número de personagens masculinos e femininos, o tempo de exibição de determinados personagens, os textos e a dimensão semântica do código verbal, os enquadramentos e movimentos de câmera, a iluminação, a trilha sonora, os cortes e a edição. O formato técnico dialoga em tempo integral com a dimensão ideológica; é impossível dissociá-los.

Fragmentação, multiplicidade e pastiche: a estética *pós-moderna* na TV

A vinculação da linguagem da TV à estética da pós-modernidade se deve às características mesmas que o discurso televisual passou a assumir com a intensificação das tecnologias eletrônicas em sua elaboração. Isto se deve, também, às reivindicações de expressão artística apresentadas por aqueles que passaram a utilizar as novas linguagens eletrônicas no fazer artístico, a videoarte, por exemplo.

A discussão em torno do que vem a ser uma estética pós-moderna tem as suas raízes nas formulações da arquitetura e em muito motivadas pelas mudanças provocadas pelas tecnologias de comunicação. David Harvey salienta, por exemplo, que:

> "as comunicações contemporâneas derrubaram as 'fronteiras usuais do espaço e do tempo' produzindo tanto um novo internacionalis-

mo como fortes diferenciações internas em cidades e sociedades baseadas no lugar, na função e no interesse social. Essa *fragmentação* produzida existe num contexto com tecnologias de comunicação e de transporte capazes de lidar com a interação social no espaço de maneira bastante diferenciada. A arquitetura e o projeto urbano viram-se, portanto, diante de oportunidades novas e mais amplas de diversificar a forma espacial no período pós-guerra imediato. Formas urbanas dispersas, descentralizadas e desconcentradas são hoje muito mais factíveis tecnologicamente do que antes." (1993: 77)

Em seu livro *Cultura Pós-Moderna*, Steven Connor discute a maneira como as formas de representação do vídeo e TV têm atraído as atenções dos teóricos que estudam a estética pós-moderna. Uma vez que empregam técnicas de reprodução eletrônica, a TV e o vídeo parecem, segundo o autor:

> "Personificar estruturalmente uma superação da narrativa modernista do artista individual que luta para transformar um meio físico particular. A singularidade, a permanência e a transcendência (o meio transformado pela subjetividade do artista), parecem, nas artes reprodutíveis do filme e do vídeo, ter cedido lugar irrevogavelmente à *multiplicidade*, à *transitoriedade* e ao *anonimato*. (...) A TV e o vídeo abrangem, tal como o filme, os dois mundos: da cultura de massa e da cultura minoritária de vanguarda." (1993: 129)

Se há arte na TV, há, portanto formas subversivas de representação na TV, ainda que imersas na lógica do estímulo ao desejo infinito e na promessa de felicidade continuamente adiada pelo mercado. O discurso televisual está longe de ser um todo monolítico, impermeável.

Textualidade em fluxo

A TV, ao veicular seus conteúdos a partir do modelo de difusão broadcasting, adota uma forma de exibição na tela em que um formato se interliga ao outro em um fluxo constante de informação, isto é, através de uma permanente ausência de fronteiras textuais. O modelo de fluxo foi inicialmente apresentado por Raymond Williams (1975).

Fiske (1991) faz ressalvas ao modelo de Williams. Para Fiske, a dinâmica narrativa da TV deve ser entendida mais como *segmentação* do que como um fluxo. Afinal, o fluxo constante é na realidade fragmentado em uma experiência de segmentos que "transbordam" um no outro.

Trata-se de um modo de exposição que de fato revela alguma seqüência, entretanto profundamente descontínua. Se é fluxo, ele é segmentado em uma dinâmica em que a contradição prevalece sobre a continuidade, o fragmento sobre a unidade. O uso do *zapping* simplesmente exagera e extrapola esta característica.

> "Textos segmentados são marcados por abruptas transições, de segmento a segmento, o que exige que os espectadores negociem de maneira ativa, experiente e televisualmente alfabetizada." (1991: 63)

O autor destaca ainda que a leitura de uma textualidade para quem é "alfabetizado" televisualmente é muito diferente das experiências de leitura de um texto verbal impresso, ou do teatro e cinema, por exemplo. A fragmentação da TV permite conexões entre os seus segmentos que são feitos de acordo com as leis de associação, mais do que leis de conseqüência, lógica e causa e efeito.

Realismo e naturalização

Televisão é acima de tudo um meio de informação que tende ao realismo, que, para Fiske (1991), não significa representar a realidade em si, mas sim reproduzir o sentido dominante de realidade. O realismo televisual não deve ser compreendido enquanto fidelidade a uma realidade empírica, mas sim enquanto um conjunto de convenções discursivas através das quais uma noção de realidade pode ser construída.

De maneira geral, as representações produzidas na TV buscam esconder os mecanismos presentes em sua elaboração de maneira a construir uma representação natural, sem se assumir que se trata de um produto/processo cultural.

Há, entretanto, alguns produtos que revelam os artefatos usados em sua elaboração, mostrando ao telespectador as câmeras, detalhes do cenário e pessoal técnico em cena. É o caso de alguns telejornais e programas de auditório, por exemplo.

Além disso, a TV tem uma característica de "eterno presente". (Machado, 1988) Diferente dos outros meios cuja revelação já demonstra um tempo passado, como a fotografia, o cinema, até mesmo o jornal impresso, a TV possibilita uma mediação do fato ocorrido em tempo real. Esta característica se verifica sobretudo no telejornalismo.

Ainda para Fiske, mesmo nas representações do fantástico, a TV utiliza os mesmos códigos do realismo dominante. Como exemplo, ele cita os super-heróis, *Super-homem, Mulher maravilha*, cujas ações fantásticas são realistas, pois estão de acordo com as leis de causa e efeito; elas são relacionadas de maneira lógica a outros elementos da narrativa e corroboram para a construção de um "sistema reconhecível".

Planejando a Oficina de Mídia-Educação

Antes de avançarmos para o próximo capítulo, sugiro que esta discussão, tanto de caráter estrutural e econômico, a partir do qual o sistema teletecnológico é operado (Capítulo 1), quanto às dimensões sintáticas e semânticas das linguagens técnicas (Capítulo 2), anteceda e acompanhe as iniciativas de recepção e resposta que sejam propostas na escola. Ter o pano de fundo das dimensões estruturais é fundamental; sem ele o endereçamento das nossas respostas sociais torna-se opaco.

Assim como, deve-se evitar a leitura ingênua, que não problematize as ideologias e as relações de dominação que estas ajudam a sustentar (em termos de opressão, exclusão e preconceito de classe, gênero, raça, etnia, geração e religião). É interessante também identificar aquelas brechas e contradições que permeiam os discursos midiáticos e assim valorizarmos também aqueles profissionais que alimentam uma reflexividade social por dentro mesmo das indústrias culturais e instituições da mídia. Tendo sempre em mente que o discurso midiático não é monolítico, mas, sim, e como a própria realidade, ele é permeado de contradições.

Na seqüência, vamos apresentar alguns resultados obtidos com uma experiência prática de *pedagogia dos meios* realizada na comunidade Chico Mendes, que fica em uma região bastante empobrecida na periferia da cidade de Florianópolis.

Capítulo 3

O uso do vídeo em sala de aula como metodologia participativa

— O que você gostaria de ver na televisão?
... Depois de um certo tempo para pensar,
a criança respondeu para a pesquisadora:

— Eu!!!!

("O desejo de ver a si mesmo".
Rosa Maria Bueno Fischer, 1993: 76)

Fazendo vídeo na escola: participação e visibilidade

Este capítulo oferece o relato de uma experiência de *pesquisa-ação*[1] (ou *ação cultural para liberdade*, nos termos de Paulo Freire) que foi desenvolvida com um grupo de estudantes de 8ª série — Turma 81 — da Escola Básica América Dutra Machado, uma escola pública que fica situada em uma região da periferia na cidade de Florianópolis e atende a uma clientela bastante empobrecida.

---

1. Schaefer, Maria Isabel Orofino (1997). *A mediação escolar na recepção televisiva: um estudo das representações sobre AIDS construídas por adolescentes de Florianópolis*. Programa de Pós-Graduação em Educação, UFSC.

As alunas e alunos com quem tive a oportunidade de trabalhar são, em sua maioria, filhos de migrantes vindos do interior de Santa Catarina. Famílias que, em muitos casos, se viram motivadas pelo fascínio que a capital exerce e pelo declínio da atividade produtiva no campo. Muitos deles estavam vinculados a vários movimentos sociais, principalmente o dos Sem-Terra. A própria comunidade Chico Mendes foi formada com o resultado de uma ocupação organizada que ocorreu em meados dos anos 80.

Na seqüência deste capítulo, vamos discorrer sobre as diferentes etapas metodológicas utilizadas nesta experiência de *pedagogia dos meios* na Escola América. Um projeto que foi realizado em parceria com 24 jovens adolescentes com quem tive a oportunidade de conviver pelo período de seis meses. Nosso trabalho alcançou ótimos resultados: uma amizade que se estendeu para além daquele momento, uma experiência educativa concreta sobre a *pedagogia dos meios* e, como produto, realizamos um vídeo educativo de 12 minutos sobre a temática da sexualidade e atitudes preventivas com relação à transmissão da Aids.

1º passo: um esboço etnográfico da comunidade Chico Mendes e Escola América

Para dar início a este debate metodológico sobre as relações entre a escola e as mídias, é de fundamental importância destacarmos que, para esta perspectiva de investigação, ao partirmos para as nossas *pesquisas de campo*, precisamos estar abertos aos desafios de exercitar a *etnografia*. É certo que a etnografia tem toda uma trajetória desenvolvida e consolidada no campo da pesquisa de antropologia. Entretanto, à interdisciplinaridade nos permite, enquanto pesquisadores da educação, lançar mão de métodos e técnicas de outros campos da pesquisa social que possam dar mais consistência à nossa investigação. Há alguns teóricos da educação que nos fornecem boas etnografias do espaço escolar como Willis (1992) e McLaren (1989, 1995).

Entretanto, para os objetivos desta pesquisa, utilizamos apenas algumas técnicas da etnografia como a *observação participante* e o *diário de campo*. Este motivo me leva a usar aqui o termo *esboço*, pois naquele momento estávamos mais envolvidos com as interfaces entre mídias e educação e a etnografia foi utilizada como coadjuvante no processo maior da pedagogia dos meios. Estávamos buscando uma *etnografia de audiência*, também uma etapa fundamental na realização dos estudos de recepção.

Segundo Joseph Tobin (2000) a etnografia pode oferecer uma compreensão mais aguçada do contexto social e cultural em que se insere a escola. E isto é uma carência nos estudos sobre mídia e infância de orientação funcionalista, inspirados na metáfora dos efeitos ou daqueles estudos da psicologia comportamental de hipótese estímulo-resposta. Tobin, ao explicar metodologicamente sua pesquisa sobre crianças, televisão e produção de sentidos, realizada em uma pequena escola de ensino fundamental na cidade de Koa, no Hawaí, fala sobre a etnografia de audiência:

> "É um estudo que se baseia em um longo período de observação participante em uma situação de campo. (...) Eu compreendo o mundo das crianças de Koa como uma *comunidade de significados* e eu compreendo o meu papel como sendo aquele do forasteiro que busca escrever e explicar as questões internas de uma cultura a outros forasteiros. Por outro lado, o estudo não é uma etnografia no seu sentido tradicional. Ela focaliza na compreensão das crianças sobre as representações da mídia. (...) O espaço social das crianças são entidades culturais situadas em contextos sociais mais amplos, que também incluem os adultos." (2000: 12, tradução e grifos meus).

A *primeira etapa* da pesquisa foi, portanto, de investimento de tempo e abertura suficientes para compreender o universo daqueles adolescentes a partir de visitas permanentes à comunidade e à escola. E a partir daí orientar os objetivos do meu trabalho de acordo com as demandas deles próprios, na perspectiva de não impor o meu problema de pesquisa sobre a vontade deles e delas, mas sim construir conjuntamente uma pauta que viesse ao encontro dos interesses de ambas as partes, isto é: da pesquisadora/educadora e dos adolescentes/estudantes. Apresento na seqüência algumas percepções registradas durante as visitas que fizemos ao local, na tentativa, aqui, de esboçar um olhar etnográfico:

A comunidade Chico Mendes faz parte de um novo cenário sociocultural em Florianópolis, capital de Santa Catarina, cidade conhecida pela beleza de suas praias e atrações turísticas. Com certeza, Florianópolis sempre teve comunidades de periferia, mas estas que se situam às margens da via-expressa (principal acesso de entrada à cidade) são muito recentes e, com certeza, bastante pobres. As casas são bem pequenas e rústicas, sem pintura nas paredes e construídas com pedaços de madeira, às vezes papelão. As ruas são como vielas bem estreitas e sem pavimentação. Mas percebe-se que há o cuidado de alguns moradores de plantar flores perto das casas. Havia também algumas hortas, em espaços exíguos. Como Florianópolis está situada em uma ilha, a comunidade Chico Mendes fica na entrada da cidade, portanto, na parte continental.

Ela é uma comunidade multicultural em que se cruzam diferentes trajetórias históricas e de identidades. É um espaço de fronteira, tanto territorial como simbólica. Um *entre-lugar*, como conceitualmente nos fala Homi Bhabha (1998), e que é também o espaço liminar, fronteiriço e polifônico da intercultura (Azibeiro, 2003). Conforme destacamos anteriormente, as pessoas que lá vivem são, em sua maioria, do interior dos estados de Santa Catarina e Paraná. Famílias de trabalhadores rurais que — como em boa parte das comunidades situadas naquela região da cidade — realizaram ocupações organizadas pelos movimentos sociais de luta pelo direito à terra. Ali, muitas pessoas tinham vindo da cidade de Lages (SC). Mas há também pessoas vindas de outros pontos do estado, como o litoral, por exemplo. E as novas gerações de filhos de pescadores que já não têm acesso aos terrenos de família agora supervalorizados pela especulação imobiliária decorrente da exploração do turismo. Naquela fronteira cruzam-se diferentes modos de ver e traduzir o mundo, diferentes experiências identitárias, diferentes valores e religiões. Algumas comunidades escolares ainda possuem uma unidade cultural — como é o caso das vilas de pescadores na própria Ilha de Santa Catarina — onde a maioria das famílias locais ainda compartilha da mesma tradição. Mas este não é o caso da favela Chico Mendes. Ali, a diversidade, a diferença, o hibridismo e o multiculturalismo são as condições evidentes da cultura local. Daí a necessidade cada vez mais concreta de *uma pedagogia intercultural e de fronteira.*

Nos arredores da favela há outros bairros: Monte Cristo, Nova Esperança, Procasa, Jardim Atlântico, Conjunto Panorama e Sapé. Todos muito próximos, formando um bolsão urbano de moradias de classes populares. A delimitação das fronteiras entre os bairros era sutil, o que tornava difícil a minha própria compreensão da organização do espaço social. Afinal, os limites estavam presentes não apenas nas delimitações físicas, mas também em outras fronteiras, *especialmente as simbólicas*. É o que se pode observar na passagem a seguir, anotada no *diário de campo*

> Num final de tarde de quinta-feira, após um fortíssimo temporal, eu fui até a comunidade para realizar uma atividade extraclasse com o pessoal da Turma 81. Chegando lá, o cenário era dramático: a comunidade estava quase escura, pois a chuva tinha interrompido o abastecimento de energia elétrica. As pequenas casinhas de madeira estavam encharcadas, os cobertores e colchões pendurados nas janelas e cercas, as pessoas estavam todas nas ruas, e as ruas, por sua vez, completamente alagadas. Na escola, as serventes puxavam a água, com o rodo, para fora. Me dirigi ao vigia e perguntei se ele tinha visto os garotos e garotas. Ele disse que apenas dois tinham passado por lá, mas que tinham ido para casa... ajudar.
>
> Eu e a professora Cristiane resolvemos passear pelas ruas e encontramos um aluno, o Elizeu, e uma aluna, a Silvana. Convidei os dois para caminharem conosco e mostrar-nos a comunidade. Na medida em que íamos passeando, eles apontavam para os lugares e informavam sobre as classificações locais. A Silvana morava na rua ao lado da favela e dizia:
> — Lá na favela teve barraco que voou, destelhou tudo, cara!
> Achei curioso o distanciamento, ainda que as fronteiras fossem tão sutis. Mas a colocação do Elizeu foi muito interessante. Quando perguntei se ele se relacionava bem com o pessoal da Chico Mendes, ele falou:
> — Ah! fessora, aquele pessoal lá é tudo lageano. Eles roubam a gente, eles só querem brigar.
> Eu perguntei:
> — Como assim, Elizeu, tu também não é lageano?
> Ele riu, provavelmente da minha desinformação, e disse:
> — Sô, fessora, mas lageano quer dizer grosso, que não tá a fim de diálogo e que logo parte pra porrada.

Não demorou muito e o cenário escureceu por completo. Eu disse então para os dois que a mãe deles deveria estar preocupada e que já era hora mesmo de eu também voltar para casa.

O que o Elizeu queria dizer com isso? "Sou lageano mas não sou, fessora..."? A curiosidade aqui é o exemplo de *ressignificação*, no caso do signo que denota a sua origem natal, pois Elizeu nasceu em Lages mas *o sentido daquela palavra naquele contexto* era bem outro: "lageano quer dizer grosso, que não tá a fim de diálogo e que logo parte pra porrada".

Também Silvana, ao apontar da esquina, indicou: "lá na favela!" (como se não estivéssemos dentro dela). Esta fala é reveladora de uma outra fronteira, agora notamente física e simbólica. O que significa favela? Naquela situação me pareceu como: *algo de que não faço parte*, afinal ela morava no conjunto de prédios populares e, realmente, em condições bem melhores.

Estas fronteiras territoriais e simbólicas são fugidias e se traduzem nos pequenos detalhes, que nos dão as pistas para entender os processos de construção de *auto-identidades* e de *subjetividades*. Com uma convivência permeada de diálogo e abertura pode-se compreender as dimensões mais sutis do universo cultural das pessoas com quem se está trabalhando. Em outras palavras, eu buscava seguir os caminhos traçados pelo educador brasileiro Paulo Freire, de construir uma relação dialógica e participativa com as pessoas envolvidas naquele projeto. Afinal, nas palavras de Freire:

> "O diálogo é uma relação horizontal. Nasce de uma matriz crítica e gera a criticidade. Nutre-se do amor, da humildade, da esperança, da fé, da confiança. Por isso, só o diálogo comunica." (1975: 112)

A Escola Básica América Dutra Machado é pública e possui um prédio relativamente grande que contrasta muito com o contexto das casas dos moradores. Suas instalações ocupam toda uma quadra cujo entorno é entremeado de estreitas vielas (onde transitam somente pedestres), ladeadas por barracos em tom terra, com roupas de cama arejando na soleira das janelas, alguns jardins com parcos gerânios, mínimas hortas. Lembro de um cavalo, guardado no menor terreno cercado que eu já vi.

O prédio da escola, todo cercado com um alto muro e cujo estilo é de uma arquitetura funcional, está bastante abandonado, percebendo-se infiltrações, alagamentos, corredores escuros e pátios sem jardins nem brinquedos. Foi possível perceber que algumas crianças e jovens freqüentavam as aulas com os pés descalços, mesmo nos meses frios de inverno do sul do Brasil.

No interior da escola, as salas de aula ainda conservam uma disposição tradicional com carteiras obedecendo àquela simetria em que os alunos e alunas ficam de costas uns para os outros, organizados em filas, olhando em direção ao professor. Porém, esta simetria não se apresentava como um limite para as atividades do projeto. A posição tradicional das carteiras era mudada de acordo com a necessidade da atividade. Nós mudávamos as condições que nos afastavam uns dos outros, colocando carteiras em círculos, ora em pequenos grupos, outras vezes saíamos para gravar imagens na própria comunidade. O importante é que havia espaço físico e boa estrutura para trabalhar: uma *biblioteca* espaçosa, uma *sala de artes* que acabou sendo transformada em um "estúdio" para gravações, uma *sala de vídeo* para assistirmos o material visual e a *sala de aula* para trabalharmos com os debates, textos etc.

Conversando com a Diretora no primeiro dia de visita, foi possível perceber contrastes muito próprios da realidade educacional brasileira. O primeiro foi o problema da *evasão escolar*, devido ao fato de a Escola América estar oferecendo *quatorze* turmas de 1ª série do primeiro grau, tendo entretanto apenas *uma* 8ª série em curso, a *turma 81*, com a qual eu iria trabalhar.

O projeto político-pedagógico da Escola América

Naquela ocasião a direção da escola e os professores vinham há mais de dois anos desenvolvendo um *projeto político-pedagógico* cujas preocupações estavam em ir além de se compreender a escola como um local de pura transferência do saber. O projeto destes profissionais via o espaço escolar articulado à própria comunidade e aos movimentos sociais que nela se organizam. A existência deste projeto político-pedagógico foi fundamental para o desenvolvimento desta pesquisa, pois somente em uma escola aberta à comunidade, de gestão democrática e participativa é possível realizar a pedagogia dos meios, a qual não pode vir isolada do projeto político-pedagógico da escola[2].

A experiência de uso do vídeo foi inserida no espaço da disciplina de Língua Portuguesa, em conjunto com a professora Cristiane Vignardi que trabalhava o conteúdo curricular. Foi entrelaçada uma série de atividades relativas às figuras de linguagem (tópico extremamente rico para o debate sobre a linguagem da TV) e a redação (sobretudo na feitura dos roteiros). A pesquisa de campo contou com o tempo de um semestre letivo buscando conciliar as exigências da proposta e o interesse dos alunos, alunas e da professora envolvida.

A vida com a TV

A turma 81 era pouco numerosa, apenas 24 estudantes, dentre eles 5 garotos e 19 meninas. A maioria com 16 anos, muitos com 15 e alguns com 17. Ainda que as condições sócio-econômicas fossem muito precárias, todos os estudantes da turma 81 possuíam aparelho de televisão em casa, com exceção de duas garotas de religião evangélica. Os programas que mais assistiam eram as novelas e os filmes. A novela *Malhação* (Rede Globo de TV) foi a mais citada.

O pessoal da turma 81 declarou passar muitas horas diante da TV — de 40 a 60 horas semanais. Isto significou que além de freqüentarem a escola no período da manhã, durante a tarde a televisão era a maior opção em termos de consumo cultural. Isto se deve também ao fato de que a escola não oferecia opções de atividades esportivas ou de produção cultural para os jovens em suas comunidades.

---

2. Porém, antes mesmo que essa pesquisa fosse concluída, a Secretaria Estadual de Educação do Governo de Pedro Ivo Campos (PMDB) realizou afastamentos e transferências que foram péssimas para o desenvolvimento deste projeto político-pedagógico em particular. Como observadora, pude perceber a grande frustração daquela equipe, o desânimo e desmotivação que decorreram das iniciativas do Governo. Anos mais tarde, com os governos de direita que são hegemônicos (PPB e PFL), as iniciativas de gestão da escola democrática em Santa Catarina tornaram-se uma quimera, um sonho distante, sepultado pela eterna conduta autoritária e oligárquica das posturas governamentais daquele Estado.

A pedagogia dos meios compartilha da visão de que, quanto mais intensa e significativa for a *articulação de políticas culturais* em comunidades a partir do espaço escolar, maior será a mediação aos conteúdos da mídia e mais reflexivo será o processo de consumo.

Passo 2: A *Oficina de Mídia-Educação*

A proposta prática de *pedagogia dos meios* na Escola América foi pensada enquanto uma estratégia multimetodológica que se insere no campo mais amplo da mídia-educação. Portanto, é possível utilizar técnicas e métodos que possam ser convergentes em termos teóricos e epistemológicos. Existe aí uma abertura de escolhas e opções que melhor respondam aos interesses de cada projeto em particular. No caso da experiência relatada aqui, além da etnografia, nossa iniciativa envolveu outras etapas concomitantes e complementares, por exemplo:

a) Uma oficina de mídia-educação com um ciclo de debates[3] sobre a cultura das mídias, os modos de representação e as linguagens da TV e do vídeo. Aqui a ênfase recai na perspectiva de *leitura crítica dos meios*.

b) O *estudo de recepção* sobre as campanhas de prevenção da Aids veiculadas em canais abertos de TV sob a rubrica do Ministério da Saúde, que contou inclusive com uma recepção provocada com o uso de uma fita de vídeo que continha o conjunto completo das campanhas do governo, que foi cedida pelo Departamento de Saúde do Estado de Santa Catarina.

c) Projeto completo de *realização de um vídeo* de autoria dos próprios alunos/as em todas as etapas de: definição da pauta (tema gerador), debates, redação do roteiro, produção, gravação, edição e exibição. Em nosso entendimento, a etapa de produção do vídeo também se insere nesta oficina de mídia-educação, pois se trata aí de um campo que é multimetodológico.

---

3. Veja o Programa da Oficina de Mídia-Educação nos Anexos.

Não houve uma hierarquização entre estas diferentes etapas. Durante os meses de trabalho na escola, uma etapa subsidiou a outra com informações e pistas para que fôssemos revendo os métodos e técnicas ao longo do percurso. A proposta metodológica estava suficientemente estruturada, porém aberta aos imponderáveis do percurso e às novidades ao longo do caminho. O ideal teria sido trabalhar em parceria com outras disciplinas, sobretudo Ciências, Arte-Educação e Educação Física, mas isto não foi possível nesta experiência.

O *ciclo de debates* se justificou como estratégia para provocar reflexões acerca da televisão e verificar o papel da escola enquanto mediadora de seus conteúdos. Esta estratégia não foi simplesmente introdutória. Os debates alimentaram todo o percurso de trabalho, problematizando-se o papel da televisão na vida cotidiana, e o modo como as representações veiculadas pela TV interferem na construção de nossas consciências e subjetividades, as características da linguagem televisual, sua retórica e capacidade de persuasão.

Como material motivacional aos debates foram utilizados alguns episódios da série *Programa Formação do Telespectador*[4]. Além de discutir a estrutura sócio-econômica que sustenta a realidade da mídia no Brasil, os debates foram permeados de provocações sobre as técnicas (dimensão sintática) usadas na construção do discurso televisual no uso de estereótipos e papéis sociais que o discurso da TV privilegia (dimensão semântica).

Os alunos e alunas participavam ativamente, como tagarelas; eles e elas sempre tinham informações para colocar e articulavam bem suas opiniões. O interessante a respeito desta crítica é o que ela nos proporciona sobre qual a crítica que se deve realizar frente à TV. Muitas vezes os trabalhos de *leitura crítica da TV* tendem a reforçar uma visão maniqueísta do veículo, uma análise mecanicista (o maniqueísmo mecanicista, que reforça as oposições binárias e que tende a opor o bem e o mal, o negativo e o positivo diante do veículo, sem,

---

4. Como destacamos anteriormente, o Programa Formação do Telespectador (PFT) constitui-se em um *kit* (vídeo com 6 lições, manual do professor e livro dos alunos/as) que tem o objetivo de enriquecer e provocar discussões no espaço escolar a respeito da presença e influência da mídia na vida contemporânea.

entretanto, fazer a análise maior das condições de produção e as mediações na recepção).

É importante fugir de uma visão mecanicista com respeito às mídias e explorar as contradições e brechas que existem dentro da sua estrutura de produção, bem como levar em conta que as pessoas não são complemente ingênuas diante da TV. Muitas vezes, um mesmo produto — uma telenovela ou um telejornal — pode apresentar diferentes perspectivas em uma única edição. Pode ser progressista em uma pauta, conservador em outra, por exemplo.

Nosso olhar deve ser criterioso e orientado por uma perspectiva plural e atenta às ideologias e políticas de significação, tanto na forma quanto no conteúdo, verificando como são representadas múltiplas posições de sujeito com respeito a gênero, classe social, raça, etnia, orientação sexual, religião, geração, deficiências físicas e mentais, questões ambientais, dentre outras.

O tema gerador: a Aids entra em discussão e surge a pauta do vídeo

A sugestão que se oferece aqui para a definição da *pauta da reportagem* é a de se trabalhar com a noção de tema gerador. Segundo Paulo Freire:

> "É na realidade mediatizadora, na consciência que dela tenhamos, que iremos buscar o conteúdo programático da educação. O momento deste buscar é o que inaugura o diálogo da educação com a prática da liberdade. É o momento em que se realiza a investigação do universo temático daquela população ou o conjunto dos seus temas geradores." (1975: 87)

No jargão profissional do jornalismo, *pauta* é o problema, o assunto de uma reportagem a ser realizada. Trata-se do objeto, tanto da pesquisa, das entrevistas, quanto, posteriormente, do texto a ser publicado (em rádio, TV ou jornal). O importante é descobrir e construir a pauta da reportagem juntamente com o grupo.

O vídeo educativo que realizamos com a Turma 81 teve como tema gerador o problema da Aids no mundo contemporâneo e os riscos de contaminação desta dança. A *investigação temática* emergiu da seguinte maneira: durante o *ciclo de debates* foram mostradas algumas imagens, gravadas da TV comercial, e dentre as seqüências selecionadas havia uma campanha de prevenção da Aids realizada pelo Ministério da Saúde. Tratava-se justamente de uma incitava bastante infeliz realizada durante a primeira gestão do Governo Fernando Henrique Cardoso, que ficou conhecida como as *campanhas do Bráulio.*

Em síntese, esta campanha do governo buscava a construção de uma conscientização para os riscos de contaminação da doença por meio do uso de uma caricatura grosseira de um homem de classe popular, estilo malandro e machista, que dialogava com o próprio pênis a quem ele chama de Bráulio. O VT (videotape) virou motivo de chacota e brincadeira e foi então que tomamos a iniciativa de explorar um pouco mais a fundo a temática sobre a doença, visto que o tema da Aids era, naquele momento, e ainda é, um problema que atinge diretamente a vida dos adolescentes, e ali, naquela comunidade, além da descoberta da vida sexual, também a questão do consumo e tráfico de drogas era bastante elevado.

Nossa iniciativa então foi, a partir da identificação temática, explorar o problema gerador, buscando o significado social daquela campanha a fim de desafiar a consciência ingênua sobre questões como relações de gênero, sexualidade, classe social e orientação sexual a partir de nossas reflexões.

O *ciclo de debates* esteve relacionado a outra etapa metodológica: o *estudo de recepção*. Este foi o que permitiu identificar a compreensão dos adolescentes sobre as campanhas de TV e sobre o vírus HIV e as manifestações da doença. *Foi quando o pessoal da turma 81 apontou a TV como a maior fonte de informação, seguida pela família e colegas, e somente em terceiro lugar eles citaram a escola.*

Diante dos dados recolhidos ficou claro que a televisão foi a fonte de informação mais freqüentemente citada. As demais fontes foram, nesta seqüência: a família, os colegas, e, por último, a escola. A análise do tipo de conhecimento demonstrado revelou informações dispersas, superficiais, prevalecendo o ponto de vista dominante nas informações divulgadas pela mídia, qual seja, o fatalista e apocalíptico.

Por exemplo, com o uso de um questionário perguntou-se: *o que é Aids?* Grande parte das respostas (30%) foi bem objetiva: "Aids é uma doença que pode ser transmitida através do ato sexual, do uso de drogas e por transfusão de sangue" ou, ainda (25%): "Aids é um vírus que mata aos poucos". Percebe-se uma sobreposição entre a doença e o vírus, e o que se conclui é que a idéia de "a doença que mata" era proveniente de uma visão dominante, dramática e derrotista construída pela mídia nos primeiros informes publicitários. Esta visão permaneceu no imaginário dos adolescentes como *resposta primeira* ao problema. Mas isto na superfície, pois na prática de roteirização do vídeo foi possível verificar que a Turma 81 apresentou um ponto de vista diferente.

Entretanto, o estudo de recepção também demonstrou esta visão apocalíptica em outros momentos, pois o restante das respostas também transitou entre: "é uma doença sem cura, Aids é morte, é um vírus mortal" ou ainda mais dramático: "Aids é uma pessoa que prejudica as outras, principalmente os jovens". Apenas um pequeno número de estudantes relaciona a Aids com as causas da doença; a maioria a relacionou a sua possível conseqüência, a morte.

Já na pergunta: A quem a Aids pode atingir? 80% das respostas transitaram entre: "a Aids pode atingir a *todos*", "a *todos* que não se cuidarem", e inclusive "a *todos*, independente de classe, raça, sexo ou religião".

Com base no estudo de recepção ficaram evidentes as seguintes conclusões:

a) A TV havia sido a *maior fonte de informação* sobre um problema que atinge diretamente a vida daqueles estudantes, e aí estava exatamente a evidência empírica para o que buscávamos enquanto problema de pesquisa: *a presença e importância das mídias na vida dos estudantes e o quanto a escola está silenciando e se distanciando do cotidiano e experiência vivida das crianças e adolescentes.*

b) A resposta primeira, ou o conceito que prevalecera a respeito da doença, foi aquele de tom apocalíptico e fatalista difundido pela mídia. Mas que ao trabalhar em profundidade, novos significados emergiram a partir mesmo das mediações realizadas. Portanto, o *estudo de recepção* precisa considerar um trabalho complexo de médio — longo prazo.

c) A *mediação escolar* foi importante para o aprofundamento da questão e transformação do conteúdo, pois o uso da linguagem midiática mesma possibilitou um diálogo ainda maior com o tema em questão.

Produzindo o roteiro

A primeira etapa na realização de um produto audiovisual consiste em definir-se a pauta e então partir para a produção do roteiro. Ao propor ao grupo esta atividade houve grande adesão por parte de toda a turma. Muita mobilização e motivação por parte do grupo. O modo metodológico como encaminhamos esta etapa partiu do conceito de *palimpsesto*, como proposto por Martín-Barbero, e a produção do roteiro se realizou da seguinte maneira:

1. Em primeiro lugar, partimos de um planejamento da produção, identificando os recursos disponíveis para a realização do trabalho. Como já sabíamos de antemão que haveria recurso financeiro para a realização de apenas um programa, ficou definido que, em termos de formato, seria o caso de produzir um unitário e não um seriado.

2. Também sabíamos que, em termos de gênero narrativo, era o caso de propor um programa educativo. Queríamos uma campanha como resposta às campanhas institucionais que tínhamos assistido no ciclo de debates.

Porém, como uma textualidade em palimpsesto explora as possibilidades técnicas em termos de *hibridez* e *convergência*, a única questão-limite para o processo criativo era o orçamento e a viabilidade de produção. O restante, com relação às linguagens possíveis, a liberdade era total, isto é, liberdade de escolha e criação dentro das possibilidades colocadas. Aí é que está a criatividade!

Ao discutirmos a linguagem da TV em sala de aula, identificamos primeiramente as múltiplas *formas culturais* presentes em sua textualidade: o jornalismo, o drama seriado, os programas educativos, esportes, os comerciais, os debates, *shows* de música, o videoclipe, as *charges* e *cartoons*, a cobertura de eventos etc.

Destacamos também os vários gêneros narrativos não-ficcionais: documentário, reportagem, enquete, entrevista, mesa-redonda etc.; e os ficcionais: drama, romance, melodrama, comédia, suspense, tragédia, ficção científica, aventura, erótico etc.

A partir daí, a Turma 81 se organizou em grupos de três pessoas. Cada grupo elegeu um gênero narrativo de sua preferência. Isto é: foi dada a liberdade de escolha para que cada grupo criasse sua própria "campanha" utilizando forma e gênero narrativo de acordo com o seu interesse. Mas essa metodologia não se prende às nomenclaturas. *Foi solicitado que cada grupo criasse uma campanha, utilizando a linguagem que seus integrantes mais apreciavam.*

Resultado: um grupo realizou uma reportagem narrativa sobre a comunidade; outro escolheu o videoclipe; outro grupo uma pequena narrativa dramática; outro grupo uma enquete com alunos de toda a escola de diferentes séries e faixas etárias; outro grupo escolheu o uso de depoimentos.

Ao final daquele dia de trabalho foi possível recolher uma preciosidade. Havia ali as pistas para um roteiro completo, ainda que em pedaços, mas que seria a matriz para um programa de autoria daquele grupo e que resultaria em um vídeo pautado pela miscelânea de formas e gêneros. Na verdade, tínhamos como proposta privilegiar a construção de um vídeo educativo com linguagem convergente e híbrida. Resolvemos, então, assumir o desafio estético da hibridação na linguagem e juntar as peças do quebra-cabeça compondo um único roteiro entremeando as várias estratégias criadas pelos diferentes grupos.

Com cada um dos roteiros realizados pelos pequenos grupos obtivemos o roteiro final: abertura com uma reportagem localizando a comunidade, seguindo da primeira parte do videoclipe; voltávamos para a enquete, seguíamos para o depoimento, daí para o clipe e para a reportagem e para o drama etc., e fechávamos com o videoclipe completo no final.

O roteiro final foi apresentado à turma e votado. Mudanças foram feitas até chegarmos a um acordo entre todos os participantes. Você pode ver o roteiro completo nos Anexos.

Foi providenciada então uma cópia para cada aluna e aluno. Aquele documento causou uma euforia entre o grupo; todos estavam ali, todas as vozes entrelaçadas, todos se viam, todos incluídos, cada qual no seu estilo.

Fizemos leituras, discussões, reprovações, aprovações em debate franco e aberto, já discutindo a viabilidade de produção de cada seqüência do roteiro. Como coordenadora dos trabalhos, fiz eu mesma as alterações sugeridas pelo grupo.

A pré-produção

A etapa de pré-produção consiste em se fazer o planejamento das gravações e se preparar todas as necessidades materiais e artísticas antes da chegada da câmera na escola. Isto porque o acesso aos equipamentos é difícil (no caso de empréstimos) ou muito caro (no caso de aluguel). O ideal para a realização de uma *pedagogia dos meios na escola* é que a instituição tenha, ela própria, os equipamentos. Este não era o nosso caso — e mesmo que fosse, nós precisaríamos do planejamento da mesma forma, pois estaríamos compartilhando o equipamento com outras turmas. Então, não há como escapar: a pré-produção é fundamental.

Em sala de aula, os mesmos grupos de roteirização se tornaram responsáveis pela pré-produção das seqüências de sua autoria. Isto foi provocando um entrosamento no compartilhar das necessidades de um grupo com outro, pois, por exemplo: nos casos de depoimento necessitava-se de apenas uma pessoa falando diante da câmera. Mas era preciso penar no cenário, enquadramento, a pessoa que vai falar etc. Neste caso, as necessidades extrapolavam a capacidade de resposta do grupo autoral que buscava a solução no grupo ao lado e assim por diante.

Outros exemplos: no caso do videoclipe, o grupo trouxe a letra da música completa, o que foi uma surpresa para a turma toda. No caso da seqüência de ficção em melodrama, nos precisávamos de atores e atrizes para interpretar os papéis. Já na enquete, o grupo pediu sugestões para a turma sobre quem ouvir etc., e foram ouvidos vários estudantes da escola.

Estávamos ali tecendo os fios daquela textualidade audiovisual — o nosso palimpsesto — sobre um tema difícil, imprescindível e crucial, de modo cooperativo e coletivo. Cada um oferecendo suporte naquilo que mais se sentia à vontade. Cada qual deixando emergir sua preferência, seu talento, sua visão e opinando sobre a idéia do outro. Do mais tagarela e onipresente ao mais quieto e tímido, as parcerias se acentuavam e emergiam de dentro do pequeno grupo para a turma como um todo. Tínhamos um coletivo, um projeto comum, com espaço para a singularidade de cada um. Foi assim que cumprimos a nossa etapa de planejamento; agora, o passo seguinte seria com a câmera na mão, pois as idéias já estavam todas na cabeça...

O dia em que a câmera chegou na escola

No caso do vídeo, é na captação das imagens que se efetiva a materialização da visibilidade. A câmera pode nos dar respostas muito efetivas na superação do silêncio dos grupos minoritários, que são a maioria! No caso da Turma 81, aquela era a chance deles e delas se verem, de terem a sua vez neste jogo midiático no qual eles só participam como consumidores.

A câmera Super-VHS esteve à disposição do grupo por aproximadamente 20 horas de trabalho, o que significa cinco manhãs inteiras. Na primeira vez — uma manhã fria e cinza de fim de inverno — foram realizados exercícios e também muita brincadeira com o grupo, sobretudo de se ver na tela. A câmera foi ligada e explicamos o seu funcionamento. Todos vieram conferir os comandos — *zoom out*, *zoom in*, panorâmica, primeiro plano, plano médio e geral — o tripé, o refletor etc. Também os movimentos de câmera para planos e tomadas foram explicados neste momento.

Depois de conhecer e testar o equipamento, foi dado início ao trabalho de gravação e direção. Cada grupo responsável por seqüência do roteiro acompanhava e dirigia as gravações. Portanto, a experiência da gravação foi realizada em grupos, pois precisávamos otimizar o uso da câmera em uma semana e a Turma 81 não estava disponível para este projeto em tempo integral. Havia outras disciplinas em curso e como a articulação entre as outras disciplinas não foi satisfatória neste projeto (pois o ideal é trabalhar a transdisciplinaridade), cada grupo acompanhava as gravações das seqüências de sua própria autoria, conforme o roteiro e de acordo com a liberação de outros compromissos.

A coordenação das gravações de acordo com o roteiro final ficou sob minha responsabilidade. E assim durante uma semana de trabalho demos conta de captar todas as seqüências previstas no roteiro que incluíam saídas na própria comunidade, dramatizações com cenários improvisados[5], reportagens e enquetes na escola.

Uma brecha na indústria cultural para gravar o *rap do recado*

Assim como na grande maioria das comunidades urbanas do nosso país, também ali na favela Chico Mendes o ritmo preferido da garotada era o rap. E como destacamos anteriormente, com a proposta de roteirização por afinidade de forma cultural e gênero narrativo, um dos grupos escolheu o videoclipe. Para que esta proposta se tornasse possível, seria preciso, primeiramente, gravar a trilha sonora do rap para então gravar as imagens.

E agora? Precisávamos de um estúdio de rádio. A questão era como, e onde. Foi a professora Cristiane Vignardi que resolveu esse problema para a turma. Naquela ocasião, ela conhecia um rapaz que trabalhava em uma das maiores rádios da cidade, vinculada a maior rede de comunicação local. Ele se sensibilizou com a proposta, resolveu apoiar a idéia e driblou a estrutura de produção da grande rede e nos deixou entrar. Colocou a "base do rap" na vitrola — que é na

5. Utilizamos um recurso tão rico e simples que merece ser destacado. A nosso convite, o artista plástico Mano José Alvim veio à escola para oferecer uma oficina de expressão corporal e trouxe com ele uma série de tecidos, panos largos e todos tingidos com manchas e cores diferentes e de todos os tipos, um azul, um vermelho, um marrom etc. Penduramos os tecidos em varais e, pronto, tínhamos as tapadeiras com fundos lindos para gravar depoimentos, interpretações etc.

verdade a música sem letra alguma — e os garotos do grupo cantaram a canção que falava assim:

"Vivemos na mesma cidade, no mesmo país. Onde todo mundo poderia ser feliz. Mas existe uma doença que está chegando e quem não se cuidar a Aids tá prejudicando. De uma forma muito agressiva. Se você não se cuidar pode tirar a sua vida. Esse é o Recado da 81, conselho igual a esse não tem em lugar algum. A camisinha é a melhor solução, para não sofrer toda essa transformação. A Aids tá chegando e pode te pegar, não importa a hora, muito menos o lugar. Não importa a sua cor, sua opção sexual, nem a sua cultura, nem a classe social. A Aids tá no mundo e também nessa cidade, pode estar em qualquer um não importa a idade. Então nosso recado é pra ser inteligente, use a camisinha, pense corretamente. Não vá correr o risco, tente não vacilar, use a camisinha, não importa o lugar. Então, galera esperta, *para ela não te afetar, use a camisinha, comece a se cuidar. Não importa o lugar, não importa o lugar, use a camisinha, comece a se cuidar. Não importa o lugar, não importa o lugar, use a camisinha, comece a se cuidar".*

A autoria do Rap do Recado, de Jean Piana Ramos e Natanael Cordeiro, oferecia a síntese, em ritmo descontraído, leve e dançante, bem longe de hipocrisias ou fatalismo, das vozes daquela "galera esperta", que tinha naquele momento a oportunidade de oferecer uma modesta resposta social à questão da Aids. Ou pelo menos, aquela estava sendo a primeira oportunidade para aquela "galera" se expressar a respeito do problema; e na relação, dialética, mesmo, entre linguagem e ação, estavam pensando sobre suas próprias práticas.

Saímos do estúdio da rádio com a fita gravada na mão. Na manhã seguinte, na escola, levamos um toca-fitas e colocamos o rap para tocar, para todo mundo. Isso já era um grande acontecimento. Mas viria muito mais. Saímos para a rua e ligamos o toca-fitas e a câmera. Os garotos dublavam e cantavam no ritmo certinho. A moçada toda da escola veio dançar também. Foi uma revolução. Todo mundo junto, celebrando a vida com o *rap do recado*, de autoria deles mesmos! O Recado estava sendo dado pela Turma 81 para quem mais quisesse ouvir.

A edição

Com o rap gravado tanto em áudio quanto em vídeo, agora nós já tínhamos todas as seqüências realizadas e então podíamos montar o vídeo a partir do material que estava disponível em estado bruto. Aproximadamente 3 fitas Super-VHS de 60 minutos completas, isto é: 3 horas de imagens gravadas em fita e complemente fora da ordem do roteiro. É nisto que consiste a *edição*: em dar a forma final ao produto através da montagem do audiovisual, de acordo com o que foi previsto no roteiro.

Por uma série de fatores, a Turma 81 participou até a decupagem das fitas, e na edição do vídeo eu tive que representá-la na ilha de edição. Dentre as condições e possibilidades não houve muita escolha: ou eu mesma, enquanto representante do grupo e coordenadora do trabalho realizava a edição, ou não teríamos o material final. Este é um problema decorrente do falta de recursos na própria escola. Também esbarramos no limite de não poder levar o grupo até a produtora que possui o equipamento.

A edição de um vídeo precisa também de planejamento. Isto é, certificar-se de que todas as imagens e sons necessários ao produto final estejam realizados e disponíveis. A primeira providência a ser tomada é fazer a *decupagem* das fitas. Decupagem significa assistir a todo o material gravado e anotar, de acordo com o código de tempo (*time code*) do videocassete, o número certo de cada cena gravada. Por exemplo, partindo do princípio de que uma fita de vídeo tenha 60 minutos, ao colocar a fita no aparelho de videocassete, o conta-tempo vai mostrar o número 00:10:20. Isto significa que a imagem está aos 10 segundos e vinte frames (quadros) da fita, bem no início, deve ser a primeira imagem. Adiante, o conta-tempo mostra 02:40:30. Aqui a imagem está aos dois minutos e quarenta segundos e trinta frames da fita. E assim por diante, até 60:00:00, o que significa o tempo total da fita.

Fazer a decupagem significa tomar nota de seqüência das imagens gravadas na fita para facilitar a localização das mesmas na hora da edição. Assim fica fácil identificar a imagem que se quer para cada passagem do roteiro. Para tanto, faz-se uma planilha, anotando o código de tempo e a imagem correspondente, em uma grande lista. Algo bem simples mas extremamente importante.

Feito isso, a montagem é realizada em um equipamento chamado *Ilha de Edição,* o que significa, basicamente, um videocassete profissional conectado a um computador. As imagens são digitalizadas, isto é, são transferidas para dentro do computador e aí são editadas (montadas em seqüências) com recursos de recorte e colagem. Os programas (Final Cut, Avid ou ainda o Vídeo Machine) atuam como se fossem um editor de textos. O material vai sendo montado de acordo com as entradas e seqüências previstas no roteiro.

O vídeo *Recado da 81* foi todo editado assim em computador, por meio de um sistema de edição chamado *não-linear*, que é o equipamento mais atual que existe até o presente momento. Esta nova tendência de edição, já digitalizada no computador, oferece uma série de vantagens técnicas como, por exemplo, alterar seqüências já editadas sem perder qualidade de imagem; inserção de um maior número de efeitos gráficos, maior disponibilidade de letras e caracteres, e assim por diante.

A edição do vídeo foi realizada em aproximadamente 16 horas de trabalho na ilha de edição, com equipamento de última geração e profissionais capacitados. Os custos foram cobertos com o apoio do Projeto Funpesquisa, da Universidade Federal de Santa Catarina. Isto nos permitiu voltar para a Escola América com a fita do material editado em mãos.

Veiculação

Após a edição do material, a exibição na Escola América gerou um corre-corre. A primeira vez que o material foi visto pelos alunos foi como se o fascínio tivesse contaminando todo mundo, havia uma euforia no ar: gargalhadas altas, brincadeiras e deboches e muita alegria. Elas e eles estavam se vendo, pela primeira vez, em um trabalho audiovisual que mostrava as suas idéias, palavras, rostos e vozes.

Somente depois de assistirmos uma segunda e uma terceira vez, realizamos uma leitura crítica de nosso próprio trabalho, na perspectiva de produzirmos outras reportagens, dramatizações, quem sabe outros clipes.

Além de ser mostrado aos alunos e alunas da Turma 81, o vídeo foi exibido em várias ocasiões para toda a Escola América e em outros eventos da comunidade. Foi também oferecido às Secretarias Municipal e Estadual da Saúde, veiculado na TV Anhatomirim, na ocasião a TV Educativa da cidade de Florianópolis, e teve uma inserção no Jornal Hoje da Rede Globo, em nível nacional.

Na verdade, acreditamos que para a Turma 81 o vídeo final e editado trouxe extrema satisfação e reconhecimento. Entretanto, ficou claro que o valioso para aquele grupo foi a *oportunidade*, a *experiência* do processo de criação coletiva e *participação* na construção criativa de uma reportagem de caráter educativo. E desta forma poder construir e transformar o conhecimento, contando para isso com linguagens que vão muito além do suporte da caneta hidrocor e da cartolina (sem querer tirar a importância destas).

Por uma *pedagogia dos meios* pautada pela participação

O que na verdade está em questão ao utilizarmos aqui o termo *pedagogia dos meios*? Que afinidades esta proposta possui com as demais correntes críticas no campo da mídia-educação e em que sentido se diferencia de uma perspectiva funcionalista/instrumental de uso da tecnologia educacional?

Na verdade, defendemos aqui que a *mídia-educação* é um campo de conhecimento científico, com reconhecimento e visibilidade internacionais. Há várias iniciativas em diferentes países. Já uma *pedagogia dos meios* refere-se à práxis mesma, ou seja, à intervenção no espaço escolar. Isto é, ação e reflexão juntas, a partir do contexto e das possibilidades oferecidas em cada escola. E isto tem a ver com os encaminhamentos possíveis no contexto de cada local, a partir de escolhas e seleções reflexivas que dependem das necessidades e realidades particulares de cada escola. Portanto, não existe uma fórmula a ser seguida. Devemos, isto sim, possibilitar a apropriação de um conhecimento, que deve então ser traduzido, a fim de oferecer propostas às necessidades de cada contexto, cada escola, cada local.

Entretanto, como sugestão de respostas para aquelas perguntas, indicamos alguns pontos que podem ser problematizados como questões geradoras de um diálogo sobre o tema, na perspectiva da formação de educadores dentro mesmo da própria escola. Vamos partir das seguintes diretrizes:

1) A educação escolar precisa de uma perspectiva crítica para o uso das mídias que avance para além da proposta de *leitura crítica dos meios* e que proponha a produção criativa no próprio espaço escolar como construção de respostas sociais aos meios de comunicação de massa e que propicie modos de construção de *visibilidade* para as culturas locais e para as diferentes identidades socioculturais.

2) Neste sentido, a fundamentação teórica deve partir de uma *teoria dos usos sociais das tecnologias* e da *teoria das mídias e mediações escolares*, conforme destacado nos capítulos 1 e 2.

3) A pedagogia dos meios deve estar em sintonia com um *projeto político-pedagógico* que se fundamente em uma perspectiva de gestão democrática da escola e da construção da cidadania. Sem esta perspectiva corre-se o risco de utilizar a tecnologia de modo instrumental, dissociada dos interesses de mobilização, participação, engajamento da comunidade estudantil (crianças e adolescentes) em problemas que sejam também de interesse e da sua comunidade local.

Atualmente, fala-se muito em tecnologia educacional, educação à distância via redes de informação e plataformas em multimídia, infovias etc. Entretanto, boa parte do material bibliográfico disponível sobre esta temática volta-se para a perspectiva instrumental. Esta temática há muito vem sendo debatida na esfera da educação, mas não sob uma perspectiva crítica que privilegie o *ponto de vista dos estudantes* e tenha o objetivo de oferecer *visibilidade* e *ampliação* para as vozes silenciadas das crianças e adolescentes.

A perspectiva funcional — que visa à eficiência, à qualidade total, à efetividade dos processos e produtos — é, muitas vezes, mera estratégia que reproduz uma *concepção bancária* de educação como mero modo de transferência de informações que nada dizem ou acrescentam para a realidade dos alunos e alunas.

É muito importante tomar cuidado com a retórica de que a escola do futuro deverá ser aconchegante, com microcomputadores munidos de *kits* multimídia nos quais o aluno poderá navegar por ambientes virtuais. Afinal, as máquinas sozinhas não mudam as relações, e seus conteúdos nada acrescentariam a um projeto de emancipação se os programas reproduzissem as velhas retóricas conservadoras e de preconceito com relação à classe, gênero, raça, sexualidade e etnia. Portanto, a pedagogia dos meios compartilha da visão de José Manoel Moran ao destacar que:

> "Toda educação aponta para uma visão de futuro, e com ela analisa o presente, seja para repeti-lo ou para transformá-lo. A maior parte das experiências de educação para os meios pretende modificar a sociedade tornando-a mais justa, e percebe a comunicação mais a serviço da classe dominante. Mas também há experiências que desvinculam a comunicação de um modelo político, pretendendo simplesmente ensinar o domínio de novos códigos para compreender melhor as novas linguagens." (Morán, 1993: 13)

Uma perspectiva meramente instrumental de abordagens dos códigos que compõem a linguagem, sem relacioná-los à realidade social maior, significa não potencializar a construção de novos valores e visões de mundo. A educação formal é um dos grandes alvos para projetos de implementação de tecnologias. Na maioria das vezes, sem uma contrapartida na formação e capacitação de pessoal, não apenas para utilizar os equipamentos mas principalmente para realizar um leitura diferenciada das suas linguagens.

Propostas de uso dos meios de comunicação na escola tendem a falhar se não levarem em consideração o contexto de apropriação das mensagens da mídia, isto é, a realidade sociocultural dos estudantes. O uso das tecnologias de comunicação de modo dissociado do contexto ou fragmentado será instrumental. As tecnologias não são uma chave mágica que possam sozinhas transformar os processos de ensino e de aprendizagem. Estas podem transformar sim as *relações educativas* enquanto atividade coadjuvante em um projeto político-pedagógico dialógico, problematizador e aberto para novos modos de representação — que são de fato a linguagem contemporânea dominante para a infância e a juventude.

A escola pode e deve se abrir para uma nova aventura estética e política com uso das mídias. Isto significa também estarmos abertos às linguagem que já ocupam grande parte da vida de nossos alunos e alunas. Em outras palavras, significa falar a língua deles.

Capítulo 4

A escola como espaço de produção cultural

> "Se já não se escreve nem se lê como antes, é porque tampouco se pode ver, nem expressar como antes (...). A visualidade eletrônica passou a fazer parte constitutiva da visibilidade cultural, a qual, segundo A. Renaud, é ao mesmo tempo entorno tecnológico e novo imaginário capaz de falar culturalmente e de abrir novos espaços e tempos para uma nova era do sensível." (Martín-Barbero, 2001: 19).

Resgatando o conceito de ação cultural no espaço escolar

As linguagens da televisão e do vídeo, por maior que possa ser a sua equivalência ou semelhança, têm, cada qual, suas particularidades e especificidades, como foi demonstrado no Capítulo 2. O que nos parece importante destacar aqui — agora com base na experiência relatada no Capítulo 3 — é a complementaridade metodológica para uma *pedagogia dos meios* na escola que estas duas formas culturais podem oferecer em termos de leitura e escrita. A alfabetização implica em não apenas ler a palavra e o mundo, mas também em saber escrever a palavra e escrever sobre o mundo em busca de transformá-lo. (Freire, 1975, 1976, 1978, 1979, 1981) Daí que a prática da produção de vídeo na escola é complementar e indispensável àquela tarefa de leitura crítica, desconstrução e uso da linguagem da TV e de seus códigos de representação. O vídeo é aqui o lápis que vai escrever a palavra, desenhar o quadro da imagem, da visualidade, da visibilidade. O uso do vídeo na escola (e também no caso de elaboração de *sites* e *softwares* de autoria) amplia a nossa capacidade de endereçarmos outras e novas respostas à sociedade. Respostas que são de autoria coletiva.

E leitura e escritura, em linguagem audiovisual; são denominadas, em outros campos do conhecimento humano — sobretudo nas teorias da mídia e da comunicação — como *consumo* e *produção culturais*. Portanto, é importante reiterarmos que, por mais que o conceito de cultura possa estar eventualmente desgastado e que haja uma crítica no próprio campo da educação para com o esvaziamento que decorre de sua excessiva utilização (como destacamos na introdução deste livro), *não há como fugir do fato de que estamos lidando com a especificidade da prática cultural quando se trata de produção de linguagem, produção simbólica em contextos sócio-históricos específicos (localidades ou comunidades de apropriação situadas).*

E um aprofundamento sobre esta amplitude do conceito de cultura não nos cabe realizar aqui. O conceito de cultura é hoje problematizado por diferentes disciplinas e correntes teóricas, por meio de diferentes métodos, daí a complexidade de tentar abarcá-lo, afinal, antropologia, sociologia da cultura, filosofia da linguagem, crítica literária, estudos de comunicação, estudos culturais, semiótica, hermenêutica, multiculturalismo, dentre outros, se ocupam de suas análises e interpretações.

Entretanto, diante desta amplitude, é possível situar aqui alguns pressupostos que nos orientam no uso que fazemos do conceito de cultura. E, para começar, é importante destacar que, certa e necessariamente, recusamos aquela visão de cultura que a situa enquanto

> "uma concepção usual, uma categoria criada pela ciência neutra, funcional, que vê na cultura o produto do trabalho dos seres humanos sobre a natureza e leva mais em conta o produto feito do que o trabalho — inclusive o trabalho político do fazer — que cria e reproduz a cultura." (Brandão, 1985)

Portanto aqui, cultura não é produto nem cânone, mas sim *práticas sociais* em relações de produção e em processo. Na obra de Stuart Hall, um dos grandes nomes dos estudos culturais de Birmingham, o conceito está assim colocado:

> "Cultura tem as suas raízes no que Marx, na *Ideologia Alemã*, chamou de 'relação dupla' dos seres humanos com a natureza e dos seres humanos entre si. Os seres humanos, Marx argumentou, intervêm na natureza, e com a ajuda de ferramentas e instrumentos, usam a natureza para reproduzirem as condições materiais de sua existência." (Hall, 1977)

As palavras de Hall e o resgate que faz à obra de Marx reiteram aqui a nossa preocupação em demonstrar que a análise da cultura precisa de uma dialética que dê conta de situar tanto a dimensão material quanto a simbólica, que juntas constituem a particularidade das formas culturais. Na seqüência, citamos outro autor da corrente dos estudos culturais e que aqui focaliza o *simbólico como cenário de luta*. E, assim, identifica aquelas práticas que dão significado ao mundo como local de luta social. Nas palavras de Fiske, para a perspectiva dos estudos culturais:

> "As relações sociais são compreendidas em termos de poder social, em termos de uma estrutura de dominação e subordinação que nunca é estática, mas que é sempre um local de contestação e luta. O poder social é o poder de ter os interesses de uma classe ou grupo atendidos pelas estruturas sociais como um todo, e a luta social — ou no termos marxistas tradicionais, a luta de classe — é a contestação deste poder pelos subordinados. No domínio da cultura, esta contestação assume a forma da luta pelo significado, na qual as classes dominantes tentam 'naturalizar' os significados que atendem aos seus interesses dentro do 'senso comum' da sociedade como um todo, ao passo que as classes subordinadas resistem a este processo de várias maneiras, e em níveis variantes, e buscam construir significados que atendam aos seus interesses." (Fiske, 1987)

A grande contribuição dos estudos culturais foi a de ampliar o conceito de luta social e simbólica para além do conflito de classe, chamando especial atenção para outras dimensões do conflito social que a teoria cultural de caráter mais tradicional e ortodoxo falhou em apontar, como a questão das relações de gênero, por exemplo, que, segundo Fiske, é compreendido como um significativo produtor de diferença social.

Nas teorias dos estudos culturais a sociedade, portanto, não é compreendida como um todo orgânico, mas como uma rede complexa de grupos, em que cada sujeito pode exercer múltiplas e diferentes posições, cada qual com interesses diferentes e relacionados uns aos outros em negociações com o poder das classes dominantes. *Além das relações de gênero, há também as formas de opressão que resultam de relações de poder sobre minorias étnicas, raciais, geracionais, orientação sexual, religiosas, entre outras.*

Neste sentido, a cultura é compreendida como uma tecitura complexa, como polifonia. E *mediação* é a *tradução* desta polifonia, realizada por cada sujeito social (individual ou coletivo) a partir do seu posicionamento, do seu local de contestação nesta ciranda, ou melhor, nesta circulação de sentidos.

Daí que toda leitura crítica das linguagens de multimídia ou os hipertextos em geral devem dar conta de problematizar os modos de representação de todas estas dimensões entrelaçadas — classe, gênero, etnia, orientação sexual, raça, geração, religião etc. — indagando sobre como são representados os pobres, os negros, os indígenas, as mulheres, as crianças, os estrangeiros de modo geral, os árabes, os muçulmanos, os estadunidenses e assim por diante. Segundo Peter McLaren, a linguagem dominante nos modos de representação da mídia atende ao endereçamento de uma posição de sujeito que se reduz ao homem branco, rico, heterossexual e protestante (o que na literatura anglo-americana se chama W.A.S.P., isto é: white, anglosaxon and protestant).

Esta é a razão pela qual nossa proposta se ancora em uma *Pedagogia do Oprimido*, afinal, as tecnologias devem nos ajudar a significar o mundo e superar os modos de exclusão, silêncio e opressão em suas variadas formas e contextos. Acreditamos que pensar caminhos de alfabetização para a produção de novos modos de redação com o uso destas gramáticas significa usar as tecnologias a serviço da emancipação humana, a serviço da libertação.

Paulo Freire destaca a importância de conhecermos a realidade daqueles com quem estamos trabalhando como condição fundamental para a construção de uma prática libertadora. Conhecer a realidade dos estudantes significa um investimento na leitura das palavras deles mesmos. E percebermos aí — no imaginário estudantil — o que estas palavras e imagens podem nos ensinar e nos revelar sobre este mundo social em profunda transformação, não apenas devido à forte presença das mídias na esfera da vida social, mas, sobretudo, nas profundas repercussões que as mídias provocam na vida dos nossos próprios alunos e alunas.

Portanto, nosso caminho defende uma prática educativa e escolar que esteja preocupada com a realidade material e simbólica dos estudantes e com uma pedagogia que potencialize suas vozes no pronunciamento daquilo que eles e elas acreditam que seja relevante para sua emancipação. De certa forma, esta duas contribuições teóricas — os estudos culturais (enquanto concepção política da cultura) e a obra de Freire como pedagogia do oprimido e teoria de ação reflexiva (práxis) — são eixos que podem oferecer as balizas para uma ação cultural crítica no espaço escolar.

A escola está aparentemente fechando os olhos para as transformações substanciais em nossa cultura tanto material quanto simbólica. Isso implica em assumirmos os riscos de provocar mudanças na prática educacional dominante, ancorada e viciada em modelos fragmentadores que já não respondem às dinâmicas culturais contemporâneas. O espaço escolar precisa dialogar com estes dos novos cenários e paisagens culturais de onde emergem novas subjetividades (políticas) que se revelam nas localidades e culturas de bairro.

A escola precisa abrir espaço para as novas expressões discursivas e narrativas que brotam na vida das comunidades. Estar aberta ao bairro e ser também local de produção cultural no sentido mesmo da ênfase e apoio à produção criativa, isto é incorporar as práticas culturais dos estudantes seja do hip-hop, rap, raggae, sertanejo, vaneirão ou samba. Não importa o ritmo nem o tom. O que importa é que a prática educacional se torne criativamente um *amplificador reflexivo* destas mudanças culturais e assim contribua para que a comunidade escolar tenha voz e vez na medida em que se conscientize sem se deixar simplesmente ser levada no rastro de modismos e promoções de vendas. Afinal estes novos cenários falam de transformações que sobrepõem espaço geográfico e paisagem cultural. Néstor García Canclini, em suas reflexões sobre a Cidade do México, destaca que:

> "A expansão territorial e a massificação da cidade que reduziram as interações entre os bairros, ocorreram dos anos 50 para cá, ou seja, no mesmo lapso em que se difundiram por toda a cidade os rádios, a televisão, o vídeo, novos vínculos eletrônicos, invisíveis, que reconstroem de modo mais abstrato e despersonalizado os nexos entre os habitantes, ao mesmo tempo em que nos conectam com a simbologia transnacional. Essa conexão entre os habitantes de zonas afastadas por duas ou três horas de viagem é 'compensada' pelas conexões dos meios de comunicação de massa." (García Canclini, 1995)

Esta conexão com a simbologia transnacional lembra o trabalho do educador Peter McLaren quando chama nossa atenção para as narrativas que representam nosso mundo. Para McLaren:

> "A narrativa nos provê uma estrutura que nos ajuda a orientar o nosso olhar, que traz uma economia de movimento à forma pela qual nós observamos o nosso ambiente e à maneira como suturamos imagens dispersas e leituras de mundo em uma história coerente, que tem ou continuidade ou produz uma ficção de estabilidade em um mundo que está sempre em movimento." (McLaren, 1994)

Ao destacar a narratividade da vida social, McLaren deseja ressaltar a importância de "lermos as narrativas que já estão nos lendo" bem como as muitas competições que se travam no espaço social por *espaço narrativo*. Neste sentido, o autor chama especial atenção para o desenvolvimento de práticas pedagógicas que avancem na construção de narrativas "pós-coloniais de libertação" que encoraja as pessoas oprimidas a contestarem as histórias fabricadas para elas por "estrangeiros" e a construírem contra-histórias que dão formato e direção para a prática da esperança e da luta por políticas emancipatórias na vida cotidiana.

McLaren, com o argumento da construção de contra-narrativas de libertação, foi inspirador para o investimento na realização do exercício de vídeo *Recado da 81* com os adolescentes da comunidade Chico Mendes.

A *pedagogia dos meios* não estaria apenas preparando as alunas e alunos para uma "leitura crítica" mas principalmente para transcenderem sua condição de *consumidores* para *produtores* de narrativas audiovisuais que atendam as suas preocupações e exigências políticas e que sejam reveladoras de suas visões de mundo.

Afinal, ao contrário da televisão, cuja produção é centralizada, o vídeo tem um efeito muito mais subversivo e multiplicador a partir de sua capacidade de transitar por circuitos paralelos e do seu potencial enriquecedor em encontros e reuniões comunitárias. Como observou o educador popular Vilson Groh, o vídeo tem um potencial de transversalidade que rompe com as estruturas vigentes do poder na esfera da comunicação.

Trata-se na verdade de apostar na democratização da informação através do espaço escolar. Se for para termos a escola equipada com as novas tecnologias da informação, que estas sejam utilizadas, portanto, a favor das vozes dos estudantes e não como recursos de adestramento para o mercado de trabalho.

O vídeo e a construção de contra-narrativas de libertação

A pedagogia dos meios aposta nas possibilidades que decorram do envolvimento dos educadores em uma prática dialógica, de descoberta e criação juntamente com os estudantes. Na co-autoria, na parceria. Afinal, sobre estas novas linguagens, nós educadores podemos aprender muitíssimo com os alunos e alunas. E a produção de audiovisual requer equipe, trabalho coletivo em que cada um possui atribuições e responsabilidades que são fundamentais no conjunto. Não há hierarquia de importância entre o roteirista, o pesquisador da trilha sonora, produtor, produtor musical, ator, cenógrafo, figurinista etc. Todos são importantes para o bom resultado do trabalho.

Já a mediação é uma aposta fundamentalmente nos processos de re-significação, que, em outras palavras, confere àqueles que estão envolvidos na prática da crítica a possibilidade de atribuir outros significados ao discurso ou narrativa em estudo e se apropriar da mesma transformando-a. Neste sentido, a prática da crítica não se esgota na recusa ou na reprovação do objeto estudado, mas, pelo contrário, investe na sua apropriação e transformação.

A apropriação e re-significação do discurso dominante, veiculado pela TV, podem alcançar resultados ainda mais interessantes, eu acredito, se os estudantes forem encorajados a pensar a linguagem enquanto produtores da mesma.

Neste sentido, a prática, o *fazer*, ou seja, a produção, traz uma dimensão concreta e pragmática para a reflexividade. Esta foi a conotação que minha pesquisa conferiu ao conceito de prática de re-significação. Assumimos as conseqüências e os riscos de experimentar com os adolescentes uma iniciativa que, de certa maneira, contribuiu para confirmar a hipótese de que a pedagogia é feita de possibilidades.

Este texto argumenta, portanto, que a escola, ao conectar suas práticas pedagógicas aos novos recursos disponíveis em termos de tecnologias audiovisuais, bem como realizar mediações dos discursos veiculados pela indústria cultural, possibilita também aos estudantes uma condição de produtores, além de consumidores críticos.

Produção criativa, coletiva e de co-autoria

A linguagem audiovisual por ser convergente e híbrida pode também ser utilizada para um potencial transdisciplinar, sobretudo rompendo não apenas com os limites que fragmentam as disciplinas, mas, principalmente, aquela fronteira rígida, histórica e que precisa ser superada, qual seja, a que separa a ciência da arte. Além do mais, a produção de vídeo rompe também com as estratégias disciplinadoras de comportamento, na medida em que abre espaço para a criação, para a arte e oferece visibilidade para isso.

Em termos de linguagem, tanto para o desenvolvimento de novas leituras e escritas sobre o mundo globalizado e contemporâneo, o uso da televisão e do vídeo na escola pode ser ponto de partida para novos locais de chegada. Como disse Jesús Martín-Barbero, na epígrafe deste capítulo: para abrir novos espaços e tempos para uma nova era do sensível, por exemplo, através do desenvolvimento de práticas em que a textualidade audiovisual nos fale sobre a linguagem do nosso tempo. Isto exige da prática educativa na escola uma disponibilidade para compreender que:

1. Aprender com a linguagem da televisão exige uma abertura para compreender o que a TV diz e como o diz. Na TV o **texto verbal** é mais objetivo, pois é um texto *escrito para ser falado*. Por isso, ele é mais familiar com o repertório cultural dos estudantes do que os textos literários. Portanto, ela pode ser ponto de partida para se chegar na leitura dos textos clássicos da literatura brasileira e mundial (através mesmo do uso de produções da TV, como é o caso das minisséries brasileiras que são de excelente qualidade). E neste percurso pode também potencializar a escrita e a leitura de outros textos. Falar a linguagem da TV é necessariamente falar a linguagem dominante do nosso tempo. Com certeza, os alunos e alunas assistem mais à TV do que lêem os clássicos da literatura hoje. A TV pode ser ponto de partida, e o uso do vídeo, como prática de produção cultural, pode conferir uma nova familiaridade com nossa língua materna.

2. A **textualidade visual** é um convite para a reflexão sobre todos os modos possíveis de representações por meio do uso da imagem parada e em movimento. Explorar sua densidade histórica pode nos remeter aos longínquos escritos platônicos sobre o mito da caverna. Pode também resgatar aí toda uma reflexão sobre a trajetória das representações imagéticas, sobre a visualidade na história da humanidade com relação às ilustrações, às iluminuras, à pintura, à fotografia, ao filme, bem como às outras mídias. A própria cenografia remonta à concepção do espaço, ao tratamento dos interiores, à arquitetura. A interpretação dos atores em cena remonta à riqueza da expressão humana. A postura dos apresentadores no quadro do vídeo remonta às formalidades industriais que podem ser subvertidas. Enfim, quando se quer destacar as transformações contemporâneas, muito do que se trata é de visualidade. É deste poder ancestral que possui a imagem de desestabilizar nossas convicções, subverter pressuposições, trair nossas crenças, revelar o impensado e que agora, nestes novos tempos que conjugam visualidade e tecnicidade, colocam a imagética como lugar central de batalha cultural (Martín-Barbero, 2001). Explorar as sutilezas, contornos, ambigüidades e

aspectos fugidios da narratividade visual só pode enriquecer a prática educacional na escola. E a televisão e o vídeo são nossos aliados nesta proposta.

3. A **textualidade musical** é outro terreno de onde podem brotar muitas expressões diferenciadas, próprias das culturas locais em diálogo com os ritmos de outros espaços globais. Isto exige a ruptura da fronteira musical, tão silenciada nas práticas educacionais contemporâneas. A música brota nas ruas, emerge dos guetos, surge nas praças, encanta as multidões no carnaval. Mas será que a música invade o espaço escolar nos dias de hoje? É tão raro observarmos práticas educativas que envolvam a musicalidade. Sofremos ainda os resquícios da reforma do ensino realizada no período da última ditadura militar no Brasil, em que a Lei nº 5.692 transformou toda a nossa prática educacional em um modelo funcionalista voltado para a preparação de mão de obra e que excluía a arte de seu contexto. É preciso resgatar a musicalidade, abrir espaço para quem saiba tocar um instrumento. Regar de sonoridade criativa o espaço escolar, com cantigas e cirandas, batuques e acordes. Sem trilha sonora não se faz audiovisual.

4. E, por último, a questão do conteúdo. Este pode e deve ser optado em conjunto com os estudantes e professores na busca por uma temática de seus interesses, revelando uma prática que atenda aos interesses curriculares e comunitários. Portanto, as possibilidades de prática são muitas e devem estar abertas ao currículo, à transversalidade e à comunidade escolar e local.

Para encerrar este capítulo destacamos o quão importante é o fato de já termos as escolas equipadas para a recepção de produtos audiovisuais (como é o caso do projeto TV Escola, por exemplo). As críticas a este projeto devem também ser formuladas — este não é o espaço para tanto, até porque não temos um acompanhamento do seu desenvolvimento. Mas, compete a nós aqui destacar que, além de equipar as escolas com antenas parabólicas para serem espaços de recepção, nós defendemos que sejam criadas condições para que a escola possa experimentar iniciativas de produção de narrativas audiovisuais.

Isto exige que avancemos para além das iniciativas isoladas, e se faça um trabalho sério e em longo prazo, junto às instituições responsáveis para que elas dêem suporte a estas iniciativas, instalando câmeras e equipamentos de gravação nas escolas, ilhas de edição nas secretarias de educação e canais educativos para difusão dos materiais.

Parece complicado mas não é. Se fosse tão complicado, a Igreja Universal do Reino de Deus não estaria tão avançada em termos de produção de TV. Tudo é questão de recursos financeiros, é verdade, mas também de vontade política. E enquanto a vontade política não for a de construir visibilidade para as minorias e para os setores oprimidos da sociedade, não teremos mesmo nem voz, nem vez.

Capítulo 5

Mídia-Educação e Reflexividade: identidades, diferenças e visibilidade

> Ensinar é um ato criador, um ato crítico e não mecânico.
>
> (Paulo Freire, *Pedagogia da Esperança*, 1992)

Contribuições para uma pedagogia crítica

O objetivo deste último capítulo é resgatar as principais questões levantadas ao longo de todo o texto e buscar conectá-las ao debate sobre a temática da construção das identidades e diferenças socioculturais. Selecionamos alguns temas específicos que possam orientar possíveis intervenções práticas, ou que sejam pontos de partida para uma *pedagogia dos meios na escola* a partir de um enfoque político e crítico.

Vamos propor esta articulação pois acreditamos que a questão das identidades culturais se coloca hoje como uma das principais plataformas para a reflexão de caráter político sobre a produção cultural e as possibilidades de intervenção, mediações e reflexividade no campo da educação e da produção de representações sociais.

O debate que está posto atualmente no terreno da teoria da cultura (Hall, 1999; Bhabha, 1998; McLaren, 1997; Martín-Barbero,

1997; García Canclini, 1998, entre outros) destaca a necessidade de transcendermos nossa compreensão do papel fundamental que o conceito de classe social ocupa na produção das identidades individuais e coletivas e avançar para a problematização das outras dimensões constitutivas do "eu" que se sobrepõe na formação da identidade, quais sejam: a questão do gênero, raça, etnia, geração, orientação sexual, religião, deficiências físicas ou mentais, dentre outras. Estas dimensões da identidade individual, quando articuladas às identidades coletivas, definem uma ampliação da plataforma política visível a partir dos múltiplos movimentos sociais contemporâneos na luta pela cidadania, meio ambiente e direitos humanos. Todas estas dimensões precisam estar em foco e de certo modo se sobrepõem quando discutimos hoje a questão das identidades socioculturais.

Estas diferentes posições que o sujeito social ocupa são cambiantes e cumulativas. Por exemplo: em uma sociedade patriarcal como a nossa, a posição de sujeito ocupada por uma menina pobre e negra, moradora de uma favela, acumula múltiplas formas de exclusão para além daquela compreendida somente a partir do conceito de classe. Em uma sociedade globalizada e excludente como esta em que vivemos, "que divide na medida mesmo em que une" (Baumann apud Lull, 2000), o trabalho de mediação escolar precisa levar em conta que propor respostas à narratividade comercial da mídia é também dar visibilidade às identidades individuais e coletivas — em suas múltiplas e variadas formas de expressão — a fim de se combater modos de silêncio e exclusão.

Nossa tese principal, defendida ao longo deste livro, é de que a escola precisa de uma pedagogia que responda aos imperativos e requisitos do tempo histórico em que se insere. Um tempo em que, como destaca Paul Willis (1990):

> "As mídias culturais onipresentes da era eletrônica fornecem um vasto leque de recursos simbólicos e são um poderoso estimulante para o trabalho simbólico e criativo dos jovens. As mídias ajudam a mediar as novas possibilidades de uma cultura comum. (...) As mídias penetram virtualmente quase todas as suas atividades mais criativas. Mas na mesma medida em que as mídias convidam a certas interpretações, os jovens não apenas aprenderam seus códigos mas

> aprenderam a brincar com a interpretação destes códigos, a recriar formas, a inter-relacionar a mídia com sua própria estética de base. Eles acrescentam e desenvolvem novos significados aqueles que lhes são dados. *Os jovens são os mais sofisticados leitores de imagens e da mídia de todos os grupos da sociedade*." (Willis, 1990: 30 — tradução e grifos meus)

O desafio, portanto, é o de aprender com as crianças e jovens sobre o mundo simbólico de que eles e elas participam hoje, em uma relação que precisa estar vinculada e compromissada permanentemente com a comunidade local e contextual em que atuamos, de modo que a teoria crítica se traduza em ação reflexiva, em práxis de mediação efetiva como prática de inserção social.

Acima de tudo, há que se defender a igualdade de oportunidade no acesso igualitário aos recursos simbólicos e intelectuais (bem como materiais) que as novas mídias oferecem à humanidade nos dias de hoje.

Escola democrática e participação

Os processos de ensino-aprendizagem, todos nós sabemos, se tornam muito mais ricos quando estão ancorados na experiência, no contexto do mundo vivido, possibilitando que ação e reflexão, juntas, em uma permanente relação da teoria com a prática, construam o conhecimento. Portanto, mais do que esperar fórmulas prontas, uma pedagogia dos meios na escola requer que os educadores arrisquem, sugiram e criem as possibilidades de ação a partir de suas experiências. No terreno do novo, do ainda inexplorado, é experimentando que se pode aprender, em processo, construindo os caminhos sempre em parceria com os estudantes e a comunidade escolar mais ampla.

Afinal, se queremos a democratização dos meios de comunicação na sociedade, então uma pedagogia dos meios na escola deve também ser um exercício; um convite à participação de toda a comunidade escolar. E isto pressupõe que a gestão da escola seja igualmente democrática. E neste sentido, tanto pedagogia dos meios como gestão democrática da escola são caminhos a seres explorados conjuntamente, processos a serem construídos, pois, como destaca Gadotti:

> "A gestão democrática deve estar impregnada por uma certa atmosfera que se respira na escola, na circulação das informações, na divisão do trabalho, no estabelecimento do calendário escolar, na distribuição das aulas, no processo de elaboração ou de criação de novos cursos ou de novas disciplinas, na formação de grupos de trabalho, na capacitação de recursos humanos etc.
> A gestão democrática é portanto atitude e método. A atitude democrática é necessária mas não é suficiente. Precisamos de métodos democráticos de efetivo exercício da democracia. *Ela também é um aprendizado, demanda tempo, atenção e trabalho.*" (Gadotti apud Nascimento, 2001 — grifo meu)

A pedagogia dos meios precisa ser um elo a mais na perspectiva da gestão democrática da escola e esta prática pode realmente contribuir com a ruptura dos muros e a maior abertura para um diálogo em vínculo permanente com a comunidade e seus movimentos sociais (associações de bairro, sindicatos, igrejas, movimento ecológico, movimento de mulheres, indígenas, negros, crianças, trabalhadores, empresários). Uma pedagogia crítica dos meios só fará sentido se estiver em sintonia com este movimento democrático mais amplo que será gestado a partir de uma escola democrática.

Afinal, a escola é um local de encontro das pessoas que vivem em uma mesma comunidade. É local de direito de oportunidade, de acesso à cultura, informação e conhecimento. Mas a escola precisa ser também um local onde se aprenda a democracia. Nós só podemos ter uma sociedade democrática se construirmos esta experiência em nosso dia-a-dia.

Compete ao grupo responsável pela criação do projeto de *pedagogia dos meios* implementar uma proposta educacional que esteja em sintonia com as necessidades e anseios da comunidade escolar. E, neste sentido, buscar alternativas próprias para a sua escola em relação com a comunidade da qual faz parte. Portanto, as ações de mídia-educação precisam estar em diálogo não apenas com o projeto político-pedagógico para a gestão participativa e democrática da escola como também em sintonia com as ações de um colegiado escolar organizado. É ideal que haja o envolvimento de diferentes segmentos da escola, não apenas professores e alunos, mas também a comunidade escolar como um todo, e isto, desde o planejamento do projeto, sua implantação, desenvolvimento e avaliação.

As identidades múltiplas em questão

A identidade pessoal pode ser compreendida como *projeto reflexivo do "eu"* (Giddens, 1994), ou também como *construção relacional a partir do reconhecimento da diferença* (Hall, 1999), ou ainda enquanto *textos* que não podem ser fixados dentro de sistemas de significação fechados e, conseqüentemente, não há identidades verdadeiras ou completas — somente identidades que estão abertas à inscrição, negociação, articulação, interpretação (McLaren, 1994).

Não vamos dar conta de explorar toda a densidade e as múltiplas faces do debate contemporâneo sobre a questão da formação das identidades. Entretanto, é possível ter como base o fato de que as identidades são construções que são forjadas enquanto narrativas do "eu" pelos sujeitos sociais a partir de condições sócio-históricas que, como disse Marx, não são de sua própria escolha.

Ainda que o tema seja amplo e complexo, precisamos de algum modo tomar conhecimento sobre o debate pois, como salientamos na abertura deste capítulo, a questão das identidades culturais (individuais e coletivas) se coloca hoje como uma das principais plataformas para a reflexão de caráter político no âmbito da intervenção social.

O desafio que se coloca para a pedagogia dos meios é o de trabalhar as linguagens midiáticas com vista a explicitar os conflitos silenciados neste entrelaçamento de fronteiras culturais e sócio-históricas cada vez mais complexo no momento particular em que vivemos, qual seja, o da globalização da cultura e da economia. Pensar na formação das identidades significa conjugar sempre as várias dimensões constitutivas do "eu" e oferecer visibilidade para todas estas questões: relações de classe social, gênero, raça, etnia, geração, orientação sexual, religião, deficiências físicas ou mentais, dentre outras.

Daí a necessidade de tomarmos um paradigma de complexidade para que se possa assumir a conflitividade de estar em um mundo em que interagem diferentes movimentos sociais e em que se pode reivindicar o trânsito por diferentes posições de sujeito em termos de luta e reivindicações.

Stuart Hall nos fala que as mudanças contemporâneas relacionadas à globalização têm gerado uma série de transformações, sobretudo aquelas relacionadas às descontinuidades históricas. Estas têm proporcionado modos de fragmentação, ruptura e deslocamento que trazem um impacto sobre a noção de identidade. E esta conjugação de diferentes posicionamentos o autor provisoriamente conceitua como sujeito pós-moderno:

> "A identidade torna-se uma 'celebração móvel': formada e transformada continuamente em relação às formas pelas quais somos representados ou interpelados nos sistemas culturais que nos rodeiam. É definida historicamente e não biologicamente. O sujeito assume identidades diferentes em diferentes momentos, identidades que não são unificadas ao redor de um 'eu' coerente. Dentro de nós há identidades contraditórias, empurrando em diferentes direções, de tal modo que nossas identificações estão sendo continuamente deslocadas. Se sentimos que temos uma identidade unificada desde o nascimento até a morte é apenas porque construímos uma cômoda história sobre nós mesmos ou uma confortadora 'narrativa do eu'. A identidade plenamente unificada, completa, segura e coerente é uma fantasia. Ao invés disso, à medida em que os sistemas de significação e representação cultural se multiplicam, somos confrontados com uma multiplicidade desconcertante e cambiante de identidades possíveis, cada uma das quais poderíamos nos identificar — ao menos temporariamente." (1999: 7)

É importante destacar que a construção da identidade passa a ser um processo que exige a *reflexividade do sujeito* na construção da "narrativa do eu". Giddens (1994) denomina este processo de "projeto reflexivo do *self*". A teoria da modernização reflexiva é aquela que, segundo Scott Lash (1992), enfatiza a sempre crescente ação dos indivíduos e o poder que possuem na transformação das estruturas coercitivas.

Portanto, o *self* não é uma entidade fixa, algo dado ou determinado pela condição mesma onde vivo ou pelo contexto social onde eu nasci. Mas sim uma articulação reflexiva entre as restrições postas e possibilidades existentes; entre as regras dadas e os recursos que busco, em uma dialética entre liberdade e coerção, a partir da qual o sujeito constrói uma narrativa coerente *para a sua própria vida*:

> "O *self* não é uma entidade passiva, determinada por influências externas; ao construir a auto-identidade — não importa o quão local é o contexto específico da ação — os indivíduos contribuem para e diretamente promovem influências sociais que são globais em suas conseqüências e implicações." (Giddens, 1994: 2)

Em outras palavras, com isto se acredita que a ação local possa efetivamente desencadear repercussões na macro-esfera da vida social. Daí a importância de estarmos atentos, enquanto educadores, a este processo de construção das identidades culturais de nossos alunos e alunas, pois quando se pensa a criança ou o adolescente precisamos assumir o desafio de complexificar a relação ao levar em conta as múltiplas posições que cada sujeito ocupa — seja a menina negra, o menino afeminado, a menina masculina, o portador de deficiência, as mudanças vividas na adolescência, o fato de se ser crente, católico, muçulmano etc. A partir do reconhecimento das identidades e diferenças de cada um, cada uma em suas particularidades, em sua singularidade, é que devemos pautar as nossas práticas de mediação e assim potencializarmos as ações locais como estratégias de construção de alianças de solidariedade em nível global.

Afinal, nosso papel enquanto educadores e educadoras é o de promover a visibilidade a todas as identidades que não circulam no mundo das representações dominantes, das celebridades descartáveis, promovido pela mídia comercial. Através desta postura, podemos contribuir com o combate às formas de exclusão, preconceito e discriminação.

Mídias e transdisciplinaridade curricular

Segundo Moacir Gadotti (1997), a interdisciplinaridade tem o objetivo de:

> "Experimentar a vivência de uma realidade global que se inscreve na experiência cotidiana do aluno, do professor e do povo, que na

escola conservadora é compartimentada e fragmentada. Articular saber, conhecimento, vivência, escola, comunidade, meio ambiente etc. é o objetivo da interdisciplinaridade. Este exercício leva à transdisciplinaridade, isto é, ao rompimento com a estrutura disciplinar do conhecimento." (1997: 118)

A pedagogia dos meios precisa estar articulada a uma perspectiva curricular que esteja adequada às realidades regionais e que seja construída a partir de cada escola. Assim, o uso das mídias pode dar visibilidade às iniciativas locais na medida em que delas participem toda a comunidade escolar envolvida, seja na realização de reportagens sobre pessoas do bairro, documentários sobre o próprio processo de gestão democrática da escola, campanhas sobre meio ambiente, movimentos sociais etc.

Na medida também que esta abordagem curricular seja transdisciplinar e multicultural, com valores éticos e solidários que combatam toda forma de discriminação, toda produção cultural que brote da escola deverá contribuir significativamente para uma transformação da realidade educacional local.

Outro fator a se destacar é a transcendência entre *ciência* e *arte*, entre conhecimento disciplinar e corporeidade. A pedagogia dos meios, na medida em que solicita o uso de vários códigos de linguagem em texto, imagem e som, exige um novo apelo estético à produção do conhecimento que pode muito contribuir para a ruptura das fronteiras entre conhecimento elaborado, saberes populares, arte e ciência. E, assim, com um maior espaço dado à arte pode promover certamente um maior reconhecimento das comunidades nas produções que se originam na própria escola.

A narrativa como palimpsesto: convergência tecnológica e forma cultural

Para a mediação tecnológica, a *forma* é o centro da questão, pois a tecnologia trata da materialidade no modo de narrar. E a partir dela identificar os pontos de conteúdo que tocam à estrutura da narrativa, o gênero ficcional ou não, o formato, as representações sociais etc. Indagar sobre a forma enquanto materialidade do texto significa reconhecer o aparato de que necessita a sua produção e difusão (um sistema teletecnológico), o que torna mais visível e aparente as estruturas políticas e comerciais na produção.

Deste modo, humaniza-se a produção, desnaturaliza-se a linguagem, desmistifica-se a tecnologia e torna-se possível verificar a sua feitura enquanto *prática social.*

"As formas culturais falam de formações sociais existentes." (Williams, 1992) Cada vez mais uma sociedade global se caracteriza por uma sociedade em hibridação, uma cultura híbrida. Para Raymond Williams aí está o elemento-chave da mediação: no uso intencional, consciente da técnica em que a *forma* não é um reflexo da materialidade, incidindo sobre a consciência dos agentes, mas sim uma mediação, isto é, no uso reflexivo da forma e da materialidade temos mais um elemento coadjuvante nos modos de intervenção política de que dispõe o cenário social.

Mídias e memória social

Outra temática muito importante na proposta da *pedagogia dos meios e a construção das identidades* é o resgate da memória social, por uma série de motivos que já foram destacados por outros autores e em outros livros. Eu vou citar aqui alguns argumentos que reiteram esta importante relação, qual seja: *a força e poder de mediação da memória social e a importância da escola ao potencializar este papel.*

A memória social ocupa um espaço preponderante nos processos de construção das identidades individual e coletiva. Inclusive, devido ao fato de que, como nos faz lembrar Ecléa Bosi, a história oficial ser muito esquecida. E, segundo esta autora:

> "Esquecer é perder o outro. O ato mnemônico não é reprodução do momento, mas sim e sempre um ato de criação. O que a pessoa conta, o que ela narra não é algo inerte, mas algo precioso que ela quer reviver no futuro. O ato de narrar o passado, como fala Ricouer, é sempre um horizonte de expectativas. A memória é mítica. Todas as épocas diziam: antigamente os jovens respeitavam os velhos.

Todas as civilizações são perecíveis, daí a importância dos mais velhos, de nos darem esta continuidade." (Bosi, 1998)

A questão da memória social nos desafia a problematizar a categoria "geração", tão destacada dentre as múltiplas posições de sujeito que estão em jogo nos processos de construção de identidades. Nos desafia a pensar na importância da experiência existencial dos mais velhos na co-educação das gerações e na participação dos rumos da comunidade, da vida social. A escola, sendo coordenada por jovens adultos profissionais, precisa localizar esta tarefa de mediação: a da *meia idade* e *fazer a ponte entre os velhos e as crianças e adolescentes*. E, juntos, ouvir os mais velhos e com eles, ao resgatar as narrativas do passado, problematizar o presente da vida cotidiana no bairro, e por extensão, da escola. Afinal, a memória individual tem limites. Nós precisamos do outro, para então, juntos, produzirmos sentido sobre nossa trajetória enquanto sujeitos sociais.

E por que a escola desempenha um papel importantíssimo nos processos de resgate da memória? Justamente pelo fato de que a mídia contemporânea, por se caracterizar como um fluxo permanente de entretenimento, que se mescla com propaganda, comercial e pastiche, substitui a presença dos adultos na casa e rouba o tempo da narrativa de interação pessoal. A interação passa a ser mediada pelas máquinas de contar histórias. Ouvir o avô, a mãe ou a tia torna-se raro no tempo em que as crianças ficam sozinhas em casa, cuidando dos mais novos. Apesar de que a narrativa pessoal, a oralidade, sempre sobreviva, é certo que a mídia ganha espaço na medida em que combate a solidão das crianças em um mundo em que os pais estão na alucinante corrida pela sobrevivência, com suas múltiplas jornadas de trabalho e longas horas de trânsito nos ônibus e estradas da cidade.

Esta presença ambígua das mídias em nossas vidas perfaz um jogo duplo, que ora oferece visibilidade, ora silencia, ora revela, ora oculta. Em alguns momentos, nos faz lembrar de determinadas passagens, e também apaga tantas outros acontecimentos do repertório social. Ouçam o que nos fala o teórico Roger Silverstone, sobre este jogo ambíguo desempenhado pela mídia de nossos tempos:

"Parece que estamos vivendo cada vez mais sem história. O passado, como o presente, se quebra com a divisão e a indiferença. O

> mundo da modernidade tardia reinventa a si mesmo, todas as noites, por meio de minisséries de televisão e de falsa memória. As tradições vêm ao ar tarde da noite, cansadas. A lembrança é o fim da linha. Nós perdemos a arte da memória. Ainda assim, nós somos aquilo de que nos lembramos, enquanto nações e indivíduos; e a memória é o local agora das lutas por identidade e pela pertença a um passado." (1999: 125)

Muito importante: a memória é local de luta por identidade e pertença a um passado! Daí a importância de investirmos em práticas de resgate da memória se temos como preocupação a visibilidade das identidades socioculturais.

Silverstone, entretanto argumenta que este jogo é mais complexo, pois a mídia, ao reinventar o passado, sobretudo para a grande abrangência das classes populares espalhadas pelas mais diferentes regiões do país, também abre espaço para a contradição e ruptura na reinvenção do presente. Mesmo no Brasil, este é um jogo de contradições, que precisa ser compreendido a partir da dialética da estruturação, em que se problematizem as regras mas que também identifique os recursos com os quais os diferentes agentes e sujeitos sociais defendem posições diferenciadas.

Vamos lembrar, por exemplo, do trabalho de Guel Arraes (TV Globo, 1997) com a microssérie *O Auto da Compadecida* e o enorme reconhecimento popular que tal obra teve. Longe de ser uma versão oficialesca da história e cultura brasileiras, esta série de TV se constituiu hoje, ela própria, como patrimônio cultural. Existem brechas na mídia. Uma mesma empresa pode oferecer produtos altamente diferenciados. No conjunto de todos os canais de TV, por exemplo, esta diversificação se amplia e exige de nós, educadores, a capacidade de discriminar e selecionar aquilo que inclusive possa potencializar nossas práticas educativas em sala de aula. É possível se construir um belo acervo de programas veiculados pela TV brasileira e utilizá-los para diferentes fins na prática pedagógica, desde estudos de linguagem, literatura, história, geografia, entre outros.

Portanto, o papel de mediação escolar aqui é variado a amplo. Ele reside, sobretudo, na capacidade dos educadores de estabelecer a ponte entre as diferentes gerações e — com o uso de gravadores, câmeras, programas de rádio, de TV ou sites na internet — tanto utilizarem o acervo cultural da televisão como efetivamente atuarem no resgate da memória do bairro ou comunidade.

Afinal a memória, como destaca Silverstone (1999: 126), é o que entrelaça os fios da dimensão íntima e pessoal do passado em um tecido público, oferecendo uma visão alternativa, uma realidade alternativa aos discursos oficiais da academia e dos arquivos.

Mídias e os direitos das crianças e adolescentes

Se uma pedagogia dos meios necessita estar ancorada em um projeto político-pedagógico mais amplo, então ela precisa também estar atenta às dimensões mais amplas da prática educacional como, por exemplo: o pleno desenvolvimento do ser humano; o exercício da cidadania; a proteção integral à criança e ao adolescente e sobretudo a garantia dos direitos fundamentais da pessoa humana.

Neste sentido, uma das primeiras questões que precisamos ressaltar aqui é que ainda que haja um debate já estabelecido sobre os direitos de crianças e adolescentes na legislação em vigor, como é o caso do Estatuto da Criança e do Adolescente (ECA), no Brasil uma legislação sobre a relação entre as mídias e direito das crianças ainda está por se consolidar. E nós precisamos potencializar os fóruns de debate sobre este tema e intensificar a participação da sociedade civil na mobilização de respostas sociais à programação que é veiculada pelos canais comerciais de TV. E que é, muitas vezes, extremamente empobrecedora.

Um dos autores contemporâneos que nos oferece um referencial teórico bastante sério sobre o tema da mídia e dos direitos da infância é David Buckingham (2000). O autor aponta para os desafios colocados a nós mesmos adultos (pais e professores) em lidar com uma nova geração que convive cotidianamente e cada vez mais com a tela eletrônica. Isto deflagra um processo em que, cada vez mais, as crianças passam a viver o mundo dos adultos. Quem, de nossa geração, não escutou esta frase: "*isto não é coisa para criança!*"? Atualmente, é cada vez mais difícil estabelecer esse limite.

De fato, o que precisamos ter clareza é que *as crianças estão muito mais expostas a um vasto conjunto de produções simbólicas que não foi idealizado para a sua faixa etária*. Por isso, o autor defende que nós precisamos criar estratégias para defender os direitos das crianças e adolescentes enquanto cidadão e consumidores, neste caso de produtos simbólicos que sejam oferecidos pela indústria midiática e que atendam às demanda do público infantil. E o caminho para a descoberta do que é bom para as crianças passa pela necessária participação delas mesmas nas decisões sobre o que gostam e desejam enquanto produtos culturais e simbólicos. Isto com relação aos produtos simbólicos.

Já na dimensão material, destacamos também o fato de que, diante do abismo social que se criou em nosso país, *o acesso ao computador* torna-se cada dia um claro privilégio das classes altas. Deste modo, a luta passa também pelo acesso às novas tecnologias por parte de todas as classes sociais; é um plataforma política que precisa ser garantida pela escola. Em pesquisa recente, verificamos que, em uma escola de comunidade de favela na região metropolitana de Florianópolis, 100% das crianças não possuíam computador e sequer sabiam o que é a internet ou a www. E a escola por sua vez também não possuía um laboratório de informática.

A luta passa a ser, portanto, pela garantia ao acesso igualitário, ao consumo reflexivo (que problematize as representações sociais contidas no texto) e por produção e participação das próprias crianças e adolescentes em narrativas em novas linguagens tecnológicas, sobretudo a eletrônica e a digital.

Ainda seguindo a trilha demarcada pelo trabalho de Buckingham, estas são questões que nos colocam frente à frente com a exigência de *políticas públicas* que estejam atentas a consumo cultural infantil nestes tempos de presença massiva das mídias no cotidiano de todos nós. E estas políticas públicas devem, segundo o autor, considerar diferentes aspectos, tais como: a) direitos de proteção com relação às narrativas que não foram elaboradas para a faixa etária infantil; b) direitos à provisão, no sentido da oferta de produtos que sejam próprios para este segmento da população e c) direitos de participação nos debates, reflexões, críticas e produção de novos produtos culturais que lhes digam respeito. É aí que a pedagogia dos meios desempenha um papel fundamental.

Uma outra contribuição que eu aponto, a partir da leitura de Buckingham, é a problematização do conceito de competência. Um conceito bastante polêmico. Em síntese, pode-se dizer que existe uma distinção entre infância e adolescência em função mesmo da aquisição desta competência política: que não é propriamente cultural, mas geracional (biológica). Os adolescentes (a partir já de 10 anos) possuem uma autonomia bem maior do que, por exemplo, os bebês. Portanto, nós, adultos, precisamos sim representar os bebês e a primeira infância pois ainda não falam de seus desejos e necessidades. Daí que a competência é processual e adquirida ao longo do crescimento mesmo do indivíduo. A competência para a participação deve ser acompanhada, preparada e desenvolvida desde os primeiros anos de vida da criança, sendo que nos primeiros anos nós mesmos precisamos representá-los, daí a nossa responsabilidade.

Neste sentido, destacamos que um dos temas geradores (ou pautas) que podem ser explorados no trabalho da mediação escolar — como tema transversal e transdisciplinar — é a própria questão dos direitos das crianças e adolescentes frente às mídias.

O local-global: ação cultural na era planetária e a questão da cidadania ativa

Diante das condições que nos apontam para uma realidade cultural globalizada, como é possível criar propostas de ação que façam o elo entre a atividade pessoal e a vida planetária? São vários os eventos políticos que nos têm demonstrado que a ação individual dos agentes sociais, na medida em que são organizadas em movimentos sociais, elas tem repercussões em nível global. Vários exemplos de boicotes a produtos, vigílias e marchas, abaixo-assinados em que as mídias são imprescindíveis na viabilidade de tais ações, sobretudo a internet. Parece então urgente estabelecermos como eixo de reflexão no espaço escolar esta dialética entre a ação local e a consciência global.

Para Paulo Freire, *o pensar crítico* — imprescindível ao diálogo verdadeiro — é aquele que, ao não aceitar a dicotomia entre *o ser humano e o mundo* reconhece entre eles uma *inquebrantável solidariedade*. Segundo o autor, este:

> "É um pensar crítico porque percebe a realidade como processo, e a capta em constante devenir e não como algo estático. Não se dicotomiza a si mesmo na ação. Banha-se permanentemente de temporalidade cujos riscos não teme. Opõe-se ao pensar ingênuo, que vê o tempo como um peso, como uma estratificação das aquisições e experiências do passado, de que resulta dever ser o presente algo normalizado e bem-comportado. Para o pensar ingênuo, o importante é a acomodação a este presente normalizado. Para o crítico, a transformação permanente da realidade para a permanente humanização dos seres humanos." (1981: 82)

Portanto, toda ação de pedagogia dos meios e de mediação escolar precisa ser aquela que esteja atenta a esta relação inseparável entre a ação de pronunciar e de transformar o mundo. Ação cultural com as mídias no espaço escolar deve estar ancorada em projetos políticos pedagógicos que estejam informados por novas concepções que desafiem os limites da fragmentação não apenas do conhecimento, mas também da experiência na localidade. E compreender que o mundo global é também local em que se traduz nossa experiência a partir da nossa escola, nossa esquina, nosso quintal.

Edgar Morin defende que na era planetária em que vivemos, a educação problematizadora necessita localizar tudo no contexto e no complexo planetário. Contexto local e planetário não estão dissociados. Segundo o autor:

> "O conhecimento do mundo é necessidade ao mesmo tempo intelectual e vital. É problema universal de todo cidadão do novo milênio: como ter acesso à informação sobre o mundo e como ter a possibilidade de articulá-las e organizá-las? Como perceber e conceber o Contexto, o Global (a relação todo/partes), o Multidimensional? O Complexo? Para articular e organizar os conhecimentos e assim conhecer e re-conhecer os problemas do mundo, é necessária a reforma do pensamento. Entretanto, esta reforma é paradigmática e

não programática: é a questão fundamental da educação, já que se refere à nossa aptidão para organizar o conhecimento." (1999: 35)

Para transcender esta inadequação, ele defende que a prática pedagógica transformadora seja aquela que atente para o contexto local; o global; o multidimensional e o complexo.

Ao desenvolvermos propostas de pedagogia dos meios no espaço escolar, precisamos também compreender a *localidade* enquanto espaço desterritorializado, na medida em que esta cada vez mais apresenta características multiculturais da globalização. Não apenas pelo entrelaçamento de identidades culturais locais, mas, sobretudo, pela ação das mídias que conectam os universos locais aos diferentes cenários socioculturais que existem no planeta. Cada vez mais o local é desafiado pelas inúmeras diferenças existentes no globo.

Mídias, direitos humanos e visibilidade

Como ressaltamos anteriormente, uma pedagogia dos meios pode contribuir como coadjuvante nas transformações necessárias à prática educacional contemporânea na medida em que esteja ancorada em propostas de construção de uma escola cidadã, uma escola participativa e democrática.

E como esta contribuição pode se efetivar? Pelo fato de que o uso do vídeo na escola (ou também, em um sentido ampliado: as atividades de criação de sites, homepages ou softwares de autoria, ou a produção de programas de rádio, jornais e revistas etc.) contribua para que a comunidade escolar ouça as suas próprias vozes, em seus diferentes segmentos.

Com respeito aos direitos humanos, nós educadores precisamos reconhecer a dialética existente na própria mídia em sua permanente tensão com os movimentos sociais. Mesmo que os grupos dominantes tentem controlar o que se pode ver e o que deve ser silenciado, não há como controlar *a capacidade de mobilização social* e ocultar da tela dos aparelhos de TV a capacidade de articulação da sociedade.

Esta dinâmica ficou evidente com as manifestações políticas que emergiram em todo o mundo a partir do dia 15 de fevereiro de 2003, quando milhões de pessoas vieram às ruas pedir pela paz. Um novo movimento social, orquestrado, articulado, mobilizado na própria contra-mão da mídia dominante, viabilizado pelas margens graças à internet. Por mais que os interesses mercantis e políticos (defendidos pelos fundamentalistas de mercado ou ditadores de plantão) tentem controlar a programação, não há como controlar a mobilização das maiorias e silenciar a sociedade e seus movimentos sociais.

Portanto, é importante compreendermos que também a mídia potencializa a mobilização social na luta pelos direitos humanos, em que o exemplo mais evidente é o uso político da internet na construção das alianças pela paz mundial. Aliás, as mídias são parte constitutiva destes movimentos; sem elas, estes novos movimentos sociais não poderiam se articular e existir.

A escola democrática, enquanto espaço de participação e construção de cidadania, pode enriquecer substantivamente suas práticas pedagógicas com o uso destas novas tecnologias, sobretudo nas iniciativas de mediação via práticas de comunicação que estejam articuladas às novas redes de solidariedade internacional.

Conclusões

> A cidadania no século XXI requer um grau de conhecimento que até agora poucos de nós têm: requer do indivíduo que saiba ler os produtos da mídia e que seja capaz de questionar suas estratégias. Isso envolveria capacidades que vão além do que foi considerado alfabetização em massa na época da mídia impressa. (Roger Silverstone, 2003)

Até pouco tempo, defender uma proposta de *uso dos meios de comunicação na escola*, sobretudo a pública, ainda era "chover no molhado", tamanho o impasse da situação em que o debate estava colocado. E será que ainda é assim? Por um lado, a posição daqueles que eternamente lamentam as carências da realidade escolar brasileira, acusando o uso do vídeo e de outras tecnologias como luxo quando muitas escolas sequer possuem quadro e giz, não existem carteiras, os educadores são mal remunerados. E disparam acusações de que há outras prioridades e que infelizmente não há condições de se investir energia nem recursos neste sentido. Aquela eterna lamúria derrotista que se atola na paralisia. Por outro lado, a corrida incessante daqueles vendedores e seus interesses mercadológicos com seus discursos proféticos de salvação da educação com o uso de máquinas. Relações? Nada. Contradições? Não. Máquinas! O importante é equipar a escola, que precisa estar munida dos mais novos aparatos técnicos para acompanhar as exigências dos setores produtivos. Uma esquizofrenia.

Por maior que seja a presença dos meios de comunicação na experiência cotidiana das crianças e adolescentes, mesmo que esta invasão defina os contornos de uma nova cultura, de novas relações sociais, novos de modos de representar e perceber a realidade, ainda assim os avanços no *campo da educação*, sobretudo avanços metodológicos, são lentos e em completo descompasso com as mudanças culturais. David Buckingham (2003) destaca que nas situações em que os alunos podem escolher, o interesse pela mídia-educação é alarmante e crescente. Porém, institucionalmente e com relação às mudanças necessárias ao currículo escolar, pouco avanço foi concretizado em termos práticos até o presente.

Portanto, o que defendemos nestas páginas é a de a *mídia-educação*, enquanto campo epistemológico e teórico, ofereça também contribuições de caráter metodológico para que possamos implementar mudanças no sentido da prática em sala de aula. E esta é a contribuição que buscamos oferecer aqui: a um debate metodológico que esteja sustentado por um paradigma educacional problematizador, dialógico, crítico e de complexidade. Pode ser uma contribuição modesta, mas assumimos nossos limites e as possíveis oposições, entretanto, sem medo das críticas pois estas só fortalecem o debate.

A necessidade de avançarmos neste caminho é premente. Afinal, se pensamos em emancipação política, sociedade democrática e participação, estes já não podem mais ser pensados fora da estrutura midiática (Silverstone, 2003). Para reiterar a importância do que debatemos e também na defesa de uma alfabetização sobre os códigos da mídia, cito Silverstone, mais uma vez:

> "Eu sugiro que a alfabetização em mídia é mais necessária do que nunca, precisamente porque ela é fundamental para a construção de identidades, o senso de nós mesmos no mundo e nossa capacidade de agir dentro dele. Tenho em mente um debate contínuo: o cidadão deve se tornar um membro do Quinto Poder alfabetizado em mídia, para desafiar o Quarto Poder — ainda que os pontos levantados pelos estudos de mídia não sejam sempre fáceis de se traduzir em recomendações claras para a conduta do dia-a-dia." (Silverstone, 2003)

E para concluir eu gostaria de sugerir algumas questões que já tivemos a oportunidade de expor anteriormente (Orofino, 2003) e que reafirmam nossas convicções de que:

1. É importante superarmos a visão maniqueísta sobre as mídias. Precisamos de uma problematização que recorra ao pensamento dialético e que localize silêncio tanto quanto visibilidade, vigilância e controle tanto quanto liberdade de expressão, regras, mas também recursos. E um apelo à complexidade que identifique que a constituição das audiências não é um fator determinado pelo mercado, apenas. Há demandas culturais e históricas, memórias sociais e gostos populares que por sua vez interpelam os meios massivos de comunicação. Isto pode ser um caminho para problematizarmos a ação da mídia para além das concepções de manipulação e alienação, integrando uma articulação que vem das demandas sociais, e que pode explicar o alto grau de consumo das mídias pelas populações. A formação de um público para uma determinada obra midiática se faz, segundo Martín-Barbero, pela articulação do contexto da cotidianidade com competências culturais e temporalidades sociais. Compete a nós educadores uma apropriação destas referências que têm origem nas teorias da comunicação social para que possamos *atualizar* a crítica aos meios de comunicação, sem abrir mão dela. Com uma renovação de nossas referências teórico-metodológicas poderemos avançar mais substantivamente no enfrentamento:

> "do extraordinário poder da mídia, da linguagem da televisão, de sua sintaxe que reduz a um mesmo plano o passado e o presente e sugere que o que ainda não há já está feito." (Freire, 2000: 109)

2. A pedagogia dos meios na escola pode provocar, isto é, desafiar cada vez mais uma crise das *ideologias dominantes* a partir de nossa intervenção em processos que acelerem e intensifiquem uma *reflexividade social*. Neste sentido, a escola pode desempenhar um papel estratégico como espaço cultural crítico em que sejam mediados, ressignificados (*consumo* e *produção críticos*) os conteúdos veiculados pela mídia. Daí a necessidade de continuarmos a investir em metodologias de leitura crítica dos meios, representações sociais e ideologias.

3. Precisamos estar atentos às condições de *consumo cultural* dos estudantes, e neste sentido a metodologia dos *estudos de recepção* oferecem grande contribuição. Afinal as condições de consumo são bastante diferenciadas, e a questão do acesso a estes equipamentos, sobretudo o computador, tem se tornado um dos grandes indicadores desta segmentação social, deste abismo da realidade globalizada "que separa na medida mesmo em que une."

4. Toda nossa ênfase recai na necessidade de nossas práticas pedagógicas envolverem não apenas os processos de leitura dos códigos, mas, também, aprendermos a *escrever* por meio destas novas linguagens. Ressignificar o mundo. Produzir outras narrativas para além daquelas que os estudantes consomem todos os dias. Ressignificar a cultura dominante produzindo contra-narrativas de emancipação, libertação, na medida em que falem de seus sonhos, anseios, medos e esperanças. Portanto, sermos, juntamente com nossos alunos, não apenas consumidores críticos, mas, principalmente, *produtores de novas significações* sobre a (para usar um termo de McLaren) "nossa humanidade coletiva."

Para que uma pedagogia dos meios se efetive como prática educacional crítica no contexto da escola, ela precisa de grupo, coletivo, equipe. Equipe sem medo de errar. Com desejo de acertar, de provocar mudanças, de desafiar os modos como o poder se estabelece e desestabilizá-lo, ainda que seja no terreno fugidio e pouco palpável, mas tão ameaçado por determinações, como é o domínio do simbólico; campo de força da produção cultural.

Anexos

Anexo 1

GLOSSÁRIO DE TERMOS TÉCNICOS

Sobre a imagem

Cena é a unidade de tempo e de lugar, onde ocorre uma ação dramática. Esta é composta por planos que obedecem às leis de seqüência material, de tensão psicológica e de progressão dramática (Martin, 1963).

Seqüência é um conjunto de cenas que compõem uma unidade de ação.

Plano de tomada inclui o plano de enquadramento (espaço cênico e o relaciona com o tempo). É o transcurso de uma ação desde que se dispara a câmera até que seja detida. Equivale à unidade mínima do relato.

Plano de enquadramento remete ao espaço cênico limitado pelo marco do visor, ocupação do quadro visor pela imagem. Neste sentido, podemos definir os seguintes tipos de plano, que remetem à decupagem clássica (Xavier, 1977: 19 e Hildebrand, 1987):

— **Big CL:** *Big close*, apenas um detalhe do rosto ocupando o quadro;

— **CL:** *close-up*, um rosto ocupando o quadro;

— **PD:** plano de detalhe mostra um objeto ou uma parte deste, ocupando o quadro;

— **PP:** primeiro plano, um objeto ou figura é enquadrado em detalhe ocupando o primeiro plano de visualização do quadro;

— **PM:** plano médio, quando a câmera enquadra o personagem da cintura para cima;

— **PA:** plano americano, quando um personagem é enquadrado acima do joelho;

— **PC:** plano de conjunto, quando o enquadramento fornece uma visão geral do corpo de um ou mais personagens;

— **PG:** plano geral, quando o enquadramento inclui o cenário e os personagens envolvidos na ação;

— **GPG:** grande plano geral mostra um espaço maior e mais abrangente que o plano geral.

Angulação da câmera

Associadas aos tipos de enquadramento, complementam a composição de um plano. A combinação de duas ou mais propriedades de enquadramento e angulação definem múltiplas possibilidades de construção da imagem. Os ângulos são, segundo Martin (1963): ângulo alto, resulta de uma tomada de cima para baixo e ângulo baixo, em que a câmera capta a imagem de baixo para cima. Estes podem aumentar ou diminuir a estatura física da pessoa.

— **CB:** Câmera baixa. De uma posição próxima ao solo, a câmera produz uma visão de baixo para cima. Efeito de grandiosidade.

— **CA:** Câmera alta. De uma posição alta em relação à linha dos olhos a câmera produz uma visão de cima para baixo. Efeito de diminuição.

O ponto de vista

Quando a câmera assume o olhar de um dos personagens, por exemplo, costuma-se denominar ponto de vista subjetivo. Na linguagem dominante, a utilização mais comum deste recurso é que o ponto de vista não corresponda ao de nenhuma das personagens, mas que revele um privilegiado ângulo de visão de uma terceira pessoa, um espectador invisível. Nesta situação, a posição da câmera permite a filmagem de uma cena do ponto de vista de um público imaginário. São pontos de vista:

— **CP:** Contra plano. Definido em relação ao plano. Quando a imagem apresentada é uma visão desde um ponto de vista situado numa posição simetricamente oposta no eixo de visão apresentado no plano. Muito utilizado em situações de diálogo.

— **CS:** Câmera subjetiva. Quando a câmera assume o ponto de visão de um dos personagens.

— **PAE:** Plano aéreo. Vista aérea de um cenário ou ambiente.

Movimentos e deslocamentos de câmera

Também são fundamentais na criação imagética. Segundo Martin (1963), os vários movimentos que podem ser realizados com a câmera podem, entre outras funções: acompanhar uma pessoa ou objeto em movimento; criar a ilusão de que há movimento em um corpo parado; definir relações espaciais entre dois elementos da ação; realçar dramaticamente um personagem ou objeto ou ainda expressar a tensão mental por que passa um personagem. Os movimentos de câmera possuem valor descritivo e valor dramático. Dentre eles destacamos:

Movimentos ópticos

Zoom-in: Movimento de aproximação da figura realizado através de objetiva zoom. A aproximação se dá no mesmo eixo óptico.

Zoom-out: Movimento de distanciamento da figura realizado através de objetiva zoom. O afastamento se dá no mesmo eixo óptico.

Deslocamentos da câmera

Pan Vert: Panorâmica vertical. A câmera faz um movimento perpendicular ao seu eixo horizontal para cima ou para baixo.

Pan Hor: Panorâmica horizontal. A câmera faz um movimento sobre o seu eixo horizontal para a direita ou para a esquerda.

Traveling: Sobre um mecanismo usualmente dotado de rodas, a câmera e o operador são deslocados juntamente com o objeto em quadro, em acompanhamento paralelo.

Traveling-in: Sobre um mecanismo usualmente dotado de rodas, a câmera e o operador são deslocados para perto da cena ou figura.

Traveling-out: Idem ao anterior, com movimento reverso, para longe da cena ou figura.

Grua: Mecanismo hidráulico que desloca a câmera para o alto ou para a parte baixa do cenário ou ambiente.

Câmera na mão: A câmera é deslocada pela cena sendo transportada pelo operador, na mão, reproduzindo o balanço e a trepidação do caminhar. Utilizada como recurso para produzir a idéia de presença e participação na cena.

Iluminação

A luz é outro elemento coadjuvante na ambientação e construção das representações. A iluminação pode ser natural (o que é muito raro nos produtos veiculados pela TV) ou não. A iluminação não-natural pode reconstituir basicamente toda situação de luz. Esta responsabilidade fica a cargo do *diretor de fotografia*, pessoa responsável pela composição estética da luz para cada cena.

Sobre o Texto

O texto verbal refere-se às falas presentes ou não na diegese[1] do audiovisual. Quando a voz está ancorada em um corpo falante, que integra a diegese e está dentro do campo visual, chama-se *voz in* ou

1. *Diegese* refere-se ao universo espaço-temporal em que se passam as ações no interior da narrativa audiovisual.

voz sincrônica. Quando o corpo e a voz integram a diegese, mas não estão no campo visual, chama-se *voz off* e refere-se ao momento em que ouvimos a voz do personagem, o qual não é visível na cena. Outra situação é quando corpo e voz não fazem parte da diegese, então este uso do som é chamado de *voz over*.

Sobre o Som

A trilha sonora, os efeitos e ruídos podem ser também diegéticos ou não.

A *música é diegética* quando o produto musical está inserido na ação dramática, isto é, ele faz parte do universo espaço-temporal da ação representada.

Não-diegética: quando a música é aplicada à imagem sem possuir relação com o desenvolvimento da ação. Ela apenas pontua os momentos, marcando o ritmo da ação. Não possui sincronia com a imagem, seria uma música "colocada".

Descritiva: É um exemplo de música extra-diegética; porém, ela também descreve a ação do personagem. Por exemplo, as identificações de personagens em telenovelas são geralmente "temas de personagem" e não-diegéticas e descritivas.

Incidental: Também é extra-diegética e aqui a música valoriza a ação do personagem, dá um clima. Ex.: tipo suspense.

Efeitos sonoros e ruídos seguem a mesma tipologia e podem ser diegéticos ou não, descritivos ou não.

Outros termos técnicos utilizados

Chroma-key: efeito de tipo analógico que consiste em inserir uma imagem colorida no interior da outra. A imagem inserida ocupa os espaços definidos por uma determinada cor na imagem continente. Inserção de uma imagem dentro da outra por meio de uma chave de cor. Efeito eletrônico (Machado, 1988).

Croquis: plantas ou pranchas usadas em planejamentos de cenografia, figurino, entre outros.

Tapadeiras: fundos falsos de compensado ou tecido utilizados para os mais variados fins em composição de imagens na produção de audiovisual.

Renderizar/renderização: Função em computação gráfica, geralmente para a aplicação de um objeto em movimento sobre uma outra imagem que pode estar em movimento também. Isto é, o computador tem muita informação para calcular, então isso é o *render* dele. Esse *render* pode chegar às vezes a duas horas, uma hora e meia.

Anexo 2

PROPOSTA PARA A ESTRUTURAÇÃO DE UMA OFICINA DE MÍDIA-EDUCAÇÃO/TV E VÍDEO

Número de encontros: 20h/a (a ser definido em cada contexto)

Hora-aula: 90 min. (necessários à montagem de equipamentos etc.)

A proposta: Trabalhar as características de linguagem da televisão e vídeo e suas possibilidades de uso enquanto recurso pedagógico para a construção e produção de conhecimento. Esta oficina pretende provocar um debate sobre a mídia, em especial a TV, sua inserção no contexto cultural contemporâneo e suas potencialidades na difusão de mensagens tanto comerciais como educativas. Esta abordagem prevê, também, não apenas a leitura crítica, mas um sentido amplo de alfabetização: leitura e escrita, isto é, *recepção e produção.*

Material Didático: Acervo audiovisual em VHS (cópias de filmes, programas e comerciais de TV e vídeos independentes e alternativos). Textos didáticos. Exercícios de decupagem e análise de audiovisuais (texto, imagem e som). Equipamentos de produção (câmera, fitas, luz, adereços) e edição.

1º TEMA: Televisão e representações sociais

Introdução ao curso. Apresentação do programa e de alguns vídeos geradores. Ouvir as expectativas da turma. Discussão sobre a presença da TV, enquanto *forma cultural*, em nosso dia-a-dia e as construções de representações sociais. Discutir os dois *gêneros* de programação: ficcional e não-ficcional. Estudo dos *formatos:* documentário, telejornal, reportagem em contra-ponto como os reality-shows.

2º TEMA: Televisão, cultura e comportamento

Discussão sobre TV e modelos de comportamento. Apresentação de segmentos de novelas e publicidade. Estudo dos *formatos*: telenovela, minissérie, seriado, e unitário através de exemplos práticos.

3º TEMA: Televisão, vídeo e produção cultural

Discutir as novas iniciativas de produção cultural que surgem com a tecnologia audiovisual. A fusão entre informática e vídeo. Técnicas de manipulação da imagem. Estudo dos *formatos*: videoclipe, publicidade, humorístico.

4º TEMA: Televisão, vídeo e educação

Discussão sobre TV, vídeo e iniciativas de educação. Debate sobre o uso educacional de tecnologias audiovisuais. Estudo de programas veiculados em canais públicos e de conhecimento: TV Escola, TV Futura e TV Cultura de SP, entre outros.

5º TEMA: Técnica e Linguagem: texto, imagem e som

Trabalho em grande grupo com a utilização de câmera de vídeo como atividade prática de utilização de recursos de cena, luz e som.

6º TEMA: Elementos de composição da imagem

Apresentar aos alunos as técnicas de imagem, desde planos, enquadramentos, movimentos de câmera, iluminação, interpretação de atores e apresentadores, repórteres, cenografia, maquiagem e figurino.

7º TEMA: O texto para TV

Trabalhar o texto verbal em estratégias e soluções narrativas para o audiovisual.

Formas de texto: retórico, poético, descritivo e narrativo.

Técnicas de texto em VIVO (sonora, passagem, diálogo) e em OFF (narração, descrição, sonora sem a imagem de quem fala).

8º TEMA: A trilha sonora

Técnicas de som e captação de áudio, trilha descritiva, trilha incidental, pontuações e metáforas sonoras.

9º TEMA: O Roteiro

Elaborar o roteiro para o programa a ser realizado pelo grupo.

10º TEMA: Gravação

Execução do roteiro.

11º TEMA: Edição

Edição e pós-produção.

12º TEMA: Avaliação das atividades

Exibição do material e avaliação.

Objetivos

a) Geral

Desenvolver um programa de vídeo piloto para dar início a uma prática de *pedagogia dos meios* na escola.

Realizar um projeto-piloto para a criação de um Centro de Produção de Mídia (TV em circuito interno e vídeos educativos) usando o meio audiovisual como uma alternativa de estratégia educacional para trabalhar os conteúdos curriculares e multidisciplinares, com a participação do corpo docente e discente, em diferentes níveis de ensino.

Ampliar a videoteca educativa da escola, localizando-se um acervo de vídeos locais ou com temáticas que retratem a realidade local, cuja produção seja de interesse educativo ou cultural.

b) Específicos

Curto prazo

Realizar uma experiência-piloto de formação docente e discente para uma pedagogia dos meios com o grupo que se responsabilizará pelo desenvolvimento do projeto.

Realizar uma outra experiência-piloto de formação docente e discente através da metodologia da pedagogia dos meios, com duas turmas de alunos na produção de vídeos educacionais.

Construir um programa para ser veiculado em circuito interno de TV — eventualmente em circuito externo — para trabalhar e apresentar temáticas educativas de interesse da Escola.

Longo prazo

Implantar um núcleo de apoio teórico e tecnológico que deverá atender às demandas do Centro de Produção de TV e Vídeos Educacionais da Escola.

Estratégia de ação

O trabalho será realizado no período de 1 ano letivo e será desenvolvido da seguinte maneira:

Etapa	Data
Realização de debates a fim de explorar e identificar os *temas geradores*	
Realização de um *estudo de recepção* sobre a temática a ser trabalhada	
Realização de uma *oficina de mídia-educação* com os participantes do projeto, bem como outras séries que desenvolverão os projetos-piloto	
Desenvolver os *roteiros* de criação, gravação e edição com as equipes do projeto	
Trabalhar construtivamente as etapas de *gravação* com as equipes do projeto	
Avaliação das atividades com as Coordenações Pedagógicas e as turmas envolvidas	
Edição do material	
Apresentação do material (tv aberta, tv circuito fechado, conferências e jornadas de trabalho)	
Avaliação final do processo e definição das próximas iniciativas para a ampliação da proposta	

Anexo 3

MODELO PARA PRODUÇÃO DE UM ROTEIRO — ESCOLA BÁSICA AMÉRICA DUTRA MACHADO — OFICINA DE ROTEIRIZAÇÃO 8ª SÉRIE — TEMA: PREVENÇÃO DA AIDS

TÍTULO: *Recado da 81*

VÍDEO	ÁUDIO
1) EFEITOS GRÁFICOS E EXTERNAS Planeta Terra girando no espaço. Seqüência de fotos sobre pessoas de culturas e classes sociais diferentes, em fusão com o planeta. Pessoas e casa na Chico Mendes. Congela e para a fusão. Tempo: "	**LOCUTORA (OFF)** A Terra é diferente dos outros planetas do sistema solar porque nela existe *vida*. Existem muitas formas de se viver no planeta Terra... muitas... A gente agora vai falar pra vocês do lugar onde a gente vive e aproveitar a carona pra dar um recado a favor da *vida*.
2) VINHETA TÍTULO Inserir caracteres com o título do vídeo Tempo: "	**LOCUTOR (OFF)** Recado da 81
3) EXTERNAS Comunidade Chico Mendes de manhã cedo: pessoas, escola, crianças brincando. Passagem da repórter na comunidade. Tempo: "	**LOCUTORA (OFF)** Em 1986 chegaram os primeiros ocupantes. Estava em fase de construção uma escola e também... uma comunidade. As famílias surgiram, na calada da noite, construíram suas casinhas e escolheram um nome para o lugar: Comunidade Chico Mendes, em homenagem ao líder dos povos da floresta, da região do Xapuri, no Acre. **LOCUTORA (VIVO)** E é aqui, nesta escola, neste lugar do planeta que a gente tá aprendendo e discutindo sobre uma doença que, se você não se cuidar, pode tirar sua vida: a Aids.

VÍDEO	ÁUDIO
4) EXTERNAS Enquete com o pessoal da escola. Tempo: "	**SONORAS (VIVO)** Você sabe o que é Aids?
5) EXTERNAS Videoclipe com os meninos dançando e cantando na comunidade. Tempo: "	**TRILHA (OFF) — dublagem** **Música rap — Prevenção da Aids** "Vivemos na mesma cidade no mesmo país. Onde todo mundo poderia ser feliz. Mas existe uma doença que está chegando. E quem não se cuidar a Aids tá prejudicando, de uma forma muito agressiva. Se você não se cuidar, pode tirar sua vida."
6) EXTERNAS Enquete com o pessoal da escola. Tempo: "	**SONORAS (VIVO)** — O que você acha sobre a Aids?
7) INTERIOR/ESTÚDIO Plano médio de uma adolescente (fundo preto ou azul com jogo de luz) Flashes do casal namorando Mostrar novamente a moça Tempo: "	**ATRIZ (VIVO)** Eu jurei para mim mesma que isto não iria acontecer. Só que ele insistiu tanto que eu acabei cedendo. Na hora h, cadê a camisinha? Tudo bem, o meu gato acha que camisinha é besteira! Mas pra mim não, isso aqui é coisa séria. Ele vai ter que entrar na minha.
8) EXTERNAS Videoclipe com os meninos dançando e cantando na comunidade. Tempo: "	**TRILHA (OFF) — dublagem** **Música rap — Prevenção da Aids** "A camisinha é a melhor solução para não sofrer toda essa transformação. A Aids tá chegando e pode te pegar, não importa a hora, muito menos o lugar. Então galera esperta, pra ela não te alcançar, use a cabeça e comece a se cuidar".

VÍDEO	ÁUDIO
9) INTERIOR/ESTÚDIO Plano médio de um rapaz adolescente. Tapadeira de fundo colorido (azul ou preto). Primeiro plano da camisinha. Tempo: "	**ATOR (VIVO)** A gente tem que se cuidar sim porque a Aids tá aí. Tem gente que diz que isso de usar camisinha é onda. Que nada... Camisinha é proteção!
10) EXTERNAS Enquete com o pessoal da escola Tempo: "	**SONORAS (VIVO)** — Como que você pode se prevenir contra a Aids?
11) EXTERNAS Jogo de futebol, tipo pelada de rua, ou em um campo. Garotos jogando, suando a camisa. Tempo: "	**ATOR (VIVO)** Corpo são, mente sã! Eu tô fora das drogas. Eu quero é saúde!!! Aí, meu irmão, minha irmã... se você usa droga, cuidado com a seringa! A Aids também é transmitida pelo sangue.
12) EXTERNAS Dramatização: meninas falam com o doente de Aids. Tempo: "	**LOCUÇÃO (OFF)** Hoje em dia tem muita gente com Aids, no mundo todo... e aqui também. Alguns só com o vírus, outros já têm a doença. Se você encontrar uma pessoa portadora do HIV, não vire o rosto, não ria, não xingue. Todo mundo sabe que Aids não é transmitida através da solidariedade.

VÍDEO	ÁUDIO
13) EXTERNAS Videoclipe com os meninos dançando e cantando na comunidade. No pátio da escola todo mundo dançando o rap do recado. Tempo: "	**TRILHA (OFF) — dublagem** **Música rap — Prevenção da Aids** "Não importa a sua cor, sua opção sexual, nem a sua cultura, nem a classe social. A Aids tá no mundo e também nessa cidade, e pode estar em qualquer um, não importa a idade. Então nosso recado é pra ser inteligente, use a camisinha, pense corretamente. Não vá correr o risco, tente não vacilar, use a camisinha, não importa o lugar. Não importa o lugar, não importa o lugar, use a camisinha e comece a se cuidar.
14) VINHETA DE ENCERRAMENTO CRÉDITOS TEMPO TOTAL:	

Anexo 4

QUESTIONÁRIO DE CARACTERIZAÇÃO DO PÚBLICO
(técnica utilizada para aferir o consumo de TV)

1. NOME: ____

2. IDADE: __________________ 3. SEXO: ( ) masc. ( ) fem.

4. RELIGIÃO: ________________

5. CIDADE ONDE NASCEU: ______________________________

6. CIDADE ONDE OS PAIS NASCERAM: _____________________

7. SE VOCÊ **NÃO** NASCEU EM FPOLIS., HÁ QUANTO TEMPO VOCÊ MORA AQUI?

____

8. VOCÊ TEM TELEVISÃO EM CASA? ( ) SIM ( ) NÃO

9. QUANTOS APARELHOS DE TV HÁ EM SUA CASA? ____________

10. ASSINALE NA TABELA ABAIXO OS HORÁRIOS EM QUE VOCÊ ASSISTE TV:

HS/DIA	SEG	TER	QUA	QUI	SEX	SAB	DOM
6 - 7h							
7 - 8h							
8 - 9h							
9 - 10h							
10 - 11h							
11 - 12h							
12 - 13h							
13 - 14h							
14 - 15h							
15 - 16h							
16 - 17h							
17 - 18h							
18 - 19h							
19 - 20h							
20 - 21h							
21 - 22h							
22 - 23h							

HS/DIA	SEG	TER	QUA	QUI	SEX	SAB	DOM
23 - 24h							
24 - 1h							
1 - 2h							

11. O QUE VOCÊ GERALMENTE ASSISTE NA TV?

---

12. O QUE VOCÊ REALMENTE GOSTA DE ASSISTIR NA TV? POR QUÊ? (CITE ATÉ 4 DOS SEUS PROGRAMAS FAVORITOS).

---

13. VOCÊ SABE O QUE É AIDS? O QUE É?

---

14. QUAL A DIFERENÇA ENTRE UMA PESSOA DOENTE DE AIDS E UMA SOROPOSITIVA?

---

15. SE VOCÊ TIVESSE QUE EXPLICAR PARA ALGUÉM COMO A AIDS É TRANSMITIDA, O QUE VOCÊ DIRIA?

---

16. COMO VOCÊ FICOU SABENDO SOBRE AS INFORMAÇÕES QUE ACABOU DE RESPONDER? COM QUEM VOCÊ APRENDEU?

---

17. VOCÊ JÁ ASSISTIU A ALGUMA CAMPANHA SOBRE AIDS NA TV?

---

18. QUE CAMPANHAS VOCÊ ASSISTIU? DIGA ALGO QUE VOCÊ LEMBRA.

---

19. QUAL A SUA OPINIÃO SOBRE ESTAS CAMPANHAS?

---

20. DE QUE OUTROS PROGRAMAS NA TV, QUE FALAVAM SOBRE AIDS, VOCÊ LEMBRA?

---

21. A QUEM A AIDS PODE ATINGIR?

Anexo 5

QUESTIONÁRIO II — RECEPÇÃO PROVOCADA
(sobre as campanhas de prevenção da Aids)

NOME:

ESCOLA:

1. Destaque as principais mensagens veiculadas pelos VTs sobre Aids, que acabamos de assistir:

---

2. De qual das campanhas você mais gostou? Por quê?

---

3. De qual das campanhas você não gostou? Por quê?

4. Na sua opinião, estas campanhas sobre a Aids, veiculadas pela TV, exercem influência sobre a opinião e comportamento dos jovens frente a sexualidade?

SIM ( )   NÃO ( )

Por quê?

---

5. E com relação ao uso de drogas, você acha que estas campanhas exercem influência sobre o comportamento dos jovens?

SIM ( )   NÃO ( )

Por quê?

---

6. Na sua opinião, qual tem sido a melhor fonte de informação sobre a Aids? Por quê?

---

7. Escreva algumas linhas sobre a Oficina de Mídia-Educação, aproveitando o momento para expressar sua opinião sobre esta iniciativa e também para fazer sugestões.

Bibliografia

ABERCROMBIE, Nicholas (1996). *Television and Society*. Cambridge: Potity.

ABRAMO, Helena (1994). *Cenas juvenis: punks e darks no espetáculo urbano*. São Paulo: Sritta.

ADORNO, Theodor e HORKHEIMER, Max (1982). A indústria cultural: o iluminismo como mistificação de massas. In: LIMA, Luiz Costa (1982). *Teoria da cultura de massa*. Rio de Janeiro: Paz e Terra.

APPLE, Michael (1982). *Ideologia e currículo*. São Paulo: Brasiliense.

ARMES, Roy (1999). *On video*. London: Routledge.

AZIBEIRO, Nadir Esperança (2003). Educação intercultural e complexidade: desafios emergentes a partir das relações em comunidades populares. In: FLEURI, Reinaldo (org.). *Educação intercultural: mediações necessárias*. Rio de Janeiro: DP&A.

BARKER, Chris (1999). *Television, Globalization and Cultural Identities*. Buckingham: Open University Press.

BECK, Ulrich (1992). *Risk Society*. London: Sage Publications.

BELLONI, Maria Luíza (1991). *Educação para a mídia: missão urgente da escola*. In: *Revista Comunicação e Sociedade*. Brasília: Editora da UnB.

______ (1992). Mundialização da cultura. In: *Revista Comunicação e Sociedade e Estado*. Brasília: Editora da UnB.

BERMAN, Marshall (1992). *Tudo que é sólido desmancha no ar*. São Paulo: Companhia das Letras.

BHABHA, Homi (1998). *O local da cultura*. Belo Horizonte: UFMG.

BORELLI, Sílvia (1999). *Gêneros ficcionais na telenovela*. In: LOPES, Maria Immacolata V. (org.). Relatório do Projeto de Pesquisa Recepção de Telenovela: Uma exploração metodológica. ECA/USP. Fapesp (mimeo.).

BOSI, Ecléa (1998) [1973]. *Memória e Sociedade: lembranças de velhos*. São Paulo: Companhia das Letras.

BRANDÃO, Carlos Rodrigues, et alii (1983). *Pesquisa participante*. São Paulo: Brasiliense.

______ (1985). *Repensando a pesquisa-participante*. São Paulo: Brasiliense.

BUCKINGHAM, David (2000). *After the death of childhood: growing up in the age of electronic media*. Cambridge: Polity.

______(2003). *Media Education: literacy, learning and contemporary culture*. Cambridge: Polity.

CABRAL, Juçara Teresinha (1994). *Constituição histórica da sexualidade humana na tradição ocidental: uma contribuição para a educação sexual*. Dissertação de mestrado. PPGE, CED, UFSC.

CASTELLS, Manoel (2000). The Internet Galaxy. Refletions.

CASTRO, Arlindo (1995). *Televisão e Aids: questões para planejamento*. In: Pitta, Áurea da Rocha. Saúde e Comunicação: visibilidades e silêncios. São Paulo: Editora Hucitec.

CITELLI, Adilson (1993). *Linguagem e persuasão*. São Paulo: Ática.

CONNOR, Steven (1993). *Cultura pós-moderna: introdução às teorias do contemporâneo*. São Paulo: Loyola.

CORNER, John (1999). *Critical Ideas in Television Studies*. Oxford: Claredon Press.

COUTO, Hildo Honório (1983). *Uma introdução à semiótica*. Rio de Janeiro: Presença.

CRAIB, Ian (1992). *Anthony Giddens*. London: Routledge.

EAGLETON, Terry (1993). *A ideologia da estética*. Rio de Janeiro: Zahar.

ECO, Umberto (1982) [1975]. *Apocalípticos e integrados*. São Paulo: Perspectiva.

ESCOSTEGUY, Ana Carolina (2001). *Cartografias dos estudos culturais: Stuart Hall, Jesús Martín-Barbero e Néstor García Canclini*. Belo Horizonte: Autêntica.

FISKE, John (1987). *British cultural studies*. In: ALLEN, Robert. *Channels of discourse*. North Carolina: University of North Carolina Press.

______ (1991). *Television culture*. London: Routledge.

FISCHER, Rosa Maria Bueno (1993). *O mito na sala de jantar*. Porto Alegre: Movimento.

______ (2001). *Televisão e educação: fruir e pensar a TV*. Belo Horizonte: Autêntica.

______ (2002). *Televisão e infância*. Palestra proferida na II Jornada de Mídia e Imaginário Infantil. Florianópolis: UFSC.

FREIRE, Paulo (1975). *Pedagogia do oprimido*. Rio de Janeiro: Paz e Terra.

______ (1976). Ação cultural para a liberdade e outros escritos. Rio de Janeiro: Paz e Terra.

______ (1979). *Conscientização: teoria e prática da libertação*. São Paulo: Cortez e Moraes.

______ (1981). *Educação e mudança*. Rio de Janeiro: Paz e Terra.

______ (1992). *Pedagogia da esperança*. Rio de Janeiro: Paz e Terra.

______ (2000). *Pedagogia da indignação: cartas pedagógicas e outros escritos*. São Paulo: UNESP.

FUENZALLIDA, Valério e HERMOSILLA, María Helena (1989). *Visiones y ambiciones del televidente: estudios de recepción televisiva*. Santiago: CENECA.

GADOTTI, Moacir et alii (1985). *Pedagogia: diálogo e conflito*. São Paulo: Cortez.

GADOTTI, Moacir e ROMÃO, José Eustáquio (1997). *Autonomia da escola: princípios e propostas.* Série Escola Cidadã. São Paulo: Instituto Paulo Freire e Cortez.

GARCÍA CANCLINI, Nestor (1995). *Consumidores e cidadãos — conflitos multiculturais da globalização.* Rio de Janeiro: Editora da UFRJ.

______ (1998). *Culturas híbridas.* São Paulo: Edusp.

GIDDENS, Anthony (1989). *A constituição da sociedade.* São Paulo: Martins Fontes.

______ (1991). *As conseqüências da modernidade.* São Paulo: Unesp.

______ (1994). *Modernity and self-identity.* Cambridge: Polity Press.

GIRARDELLO, Gilka (1987). *Televisão e imaginação infantil.* Tese de doutorado. ECA/USP.

GIRARDELLO, Gilka e OROFINO, Maria Isabel (2002). *A pesquisa de recepção com crianças: mídia, cultura e cotidiano.* XI Encontro Compós. Rio de Janeiro: UFRJ.

GUTIERREZ, Francisco (1978). *Linguagem total: uma pedagogia dos meios de comunicação.* São Paulo: Summus.

HALL, Stuart (1977). Culture, the media and the "ideological effect". In: CURRAN, James et alii. *Mass communication and society.* London: Open University Press.

______ (1993). Encoding, decoding in television discourse. In: DURING, Simon (ed.). *The cultural studies reader.* London/New York: Routledge.

______ (1996). Signification, Representation, Ideology: Althusser and the Post-Structuralist Debates. In: CURRAN, James; MORLEY, David e WALKERDINE, Valerie. *Cultural Studies and Communications.* London: Arnold.

______ (1999). *A identidade cultural na pós-modernidade.* Rio de Janeiro: DP&A.

HARVEY, David (1993). *Condição pós-moderna.* São Paulo: Loyola.

HILDEBRAND, Luci (1987). *Representações sobre a Aids: entre linhas e entrelinhas da telinha da TV.* Tese de doutoramento. ECA/USP.

HODGE, Bob e TRIPP, David (1986). *Children and Television.* Cambridge: Polity.

HODGE, Robert e KRESS, Gunther (1988). *Social Semiotics.* Cambridge: Polity.

JACKS, Nilda (1994) *Tendências latino-americanas nos estudos de recepção.* Comunicação apresentada na 17ª INTERCOM.

KANPOL, Barry e McLAREN, Peter (1995). *Critical Multiculturalism: Uncommon Voices in a Common Struggle.* Westport, CT: Bergin and Garvey.

LASCH, Christopher (1983). *A cultura do narcisismo.* Rio de Janeiro: Imago.

LASH, Scott (1992). A reflexividade e seus duplos: estrutura, estética e comunidade. In: BECK, Ulrich. *Modernização reflexiva: política, tradição e estética na ordem social moderna.* São Paulo: Unesp.

LEAL, Ondina Fachel (1986). *A leitura social da novela das oito.* Petrópolis: Vozes.

LIMA, Luiz Costa (1982). *Teoria da cultura de massa.* Rio de Janeiro: Paz e Terra.

LOPES, Maria Immacolata V. (1995). *Recepção dos meios: classe, poder e estrutura.* In: *Revista Comunicação e Sociedade*, São Paulo:

______ (coord.) (1999). *Pesquisa de recepção de telenovela: uma exploração metodológica.* Relatório enviado à Fapesp. São Paulo: ECA/USP (mimeo.).

LOPES, Maria Immacolata V.; BORELLI, Sílvia e REZENDE, Vera (2002). *Vivendo com a telenovela: mediações, recepção, teleficcionalidade.* São Paulo: Summus.

LULL, James (1988). *World families watch television*, Newburry Park and London: Sage.

______ (1992). *La estruturacion de las audiencias masivas.* Dia-logos de la comunicación, n. 32. *Revista Teórica de La Federación Latinoamericana de Asociaciones de Faculdades de Comunicación Social.*

______ (2000). *Media, communication, culture: a global approach.* Cambridge: Polity.

MACHADO, Arlindo (1988). *A arte do vídeo.* São Paulo: Brasiliense.

______ (1993). *Máquina e imaginário: o desafio das poéticas tecnológicas.* São Paulo: Edusp.

MANN, Jonathan et alii (1993). *A Aids no mundo.* Rio de Janeiro: Relume Dumará.

MARTÍN-BARBERO, Jesús (1987). *La telenovela en la Colombia: television, melodrama y vida cotidiana.* Lima: Dia-logos de la comunicación.

______ (1990). De los médios a las practicas. In: OROZCO, Guillermo. *La Comunicacion desde las practicas sociales: reflexiones en torno a su investigación.* Santa Fé: Universidad Iberoamericana.

______ (1997) [1987]. *Dos meios às mediações: comunicação, cultura e hegemonia.* Rio de Janeiro: Editora da UFRJ.

MARTÍN-BARBERO, Jesús e REY, Germán (2001). *Os exercícios do ver: hegemonia audiovisual e ficção televisiva.* São Paulo: SENAC.

MARTIN, Marcel (1963). *A linguagem cinematográfica.* São Paulo: Brasiliense.

MARX, Karl e ENGELS, F. [1848] (1978). *O manifesto comunista.* In: LASKI, H. *O manifesto comunista de Marx e Engels.* Rio de Janeiro: Zahar.

MASTERMANN, Len (1986). *Teaching the media.* London: Comedia.

McLAREN, Peter (1989). *Life in Scools: an introduction to critical pedagogy in the foundations of education.* New York: Longman.

______ (1995). *Critical pedagogy and predatory culture: oppositional politics in a postmodern era.* London: Routledge.

______ (1994). *Moral Panic, scholling and gay identity: critical pedagogy and the politics of resistance.* North Carolina: The High School Journal, v. 77, ns. 1 e 2.

______ (1997). *Multiculturalismo crítico.* São Paulo: Cortez.

McLAREN, Peter et alii (1995). *Rethingking Media Literacy: a critical pedagogy of representation.* New York: Peter Lang.

McLUHAN, Marshall (1964). *Understanding media: the extensions of man.* New York: Signet Books.

McQUAIL, Denis (1994) [1983]. *Mass Communication Theory: an introduction.* London: Sage Publications.

MORÁN, José Manoel (1993). *Leituras dos meios de comunicação*. São Paulo: Pancast.

MORIN, Edgar (1999). *A cabeça bem-feita: repensar a reforma, reformar o pensamento*. Rio de Janeiro: Bertrand Brasil.

______ (2000). *Os sete saberes necessários à educação do futuro*. São Paulo: Cortez.

NASCIMENTO, Antônio Eugênio do (2001). A gestão democrática que começa na sala de aula. In: BASTOS, João Baptista (org.). *Gestão democrática*. Rio de Janeiro: DP&A.

OROFINO, Maria Isabel (2002). *Mediações na produção de teleficção: videotecnologia e reflexividade na microssérie O Auto da Compadecida*. Tese de doutoramento. ECA/USP.

______ (2003). Mídia e educação: contribuições dos estudos de comunicação para uma pedagogia dos meios na escola. In: FLEURI, Reinaldo (org.). *Educação intercultural: mediações necessárias*. Rio de Janeiro: DP&A.

OROZCO, Guillermo (1991). *Mediações escolares e familiares na recepção televisiva*. In: *Revista Brasileira de Comunicação*. São Paulo, INTERCOM.

______ (1992). *Cultura y Television: de las comunidades de referencia a la produccion de sentido en el processo de la recepcion*. México: Universidade Iberoamericana.

OROZCO, Guillermo (1993a). *El processo de la recepción y la educación para los medios: una estratégia de investigación con público feminino*. México: Universidade Iberoamericana.

______ (1993b). *La audiencia frente a la pantalla*. In: *Dialogos de la comunicación*. Colômbia: FELAFACS.

______ (1995). *Escuela y Television: una nueva alianza por nuevos motivos*. México: Universidade Iberoamericana.

______ (1995). *Recepción televisiva: tres aproximaciones y una razón para su estudio*. México: Universidade Iberoamericana.

______ (1996). *La Investigación em Comunicación desde la Perspectiva Cualitativa*. Buenos Aires: Ediciones de Periodismo y Comunicación. Universidad Nacional de la Plata.

PALLOTINI, Renata (1998). *Dramaturgia de televisão*. São Paulo: Editora Moderna.

PARKER, Richard et alii (1994a). *A Aids no Brasil*. Rio de Janeiro: Relume Dumará.

______ (1994b). *A construção da solidariedade: Aids, sexualidade e política no Brasil*. Rio de Janeiro: Relume Dumará.

REGUILLO, Rossana e TOSCANO, Maria Cristina L. (orgs.) (1998). *Mapas nocturnos: diálogos con la obra de Jesús Martín-Barbero*. Santafé de Bogotá: Siglo del Hombre.

SCHAEFER, Maria Isabel Orofino (1997). *A mediação escolar na recepção televisiva: um estudo de recepção sobre as representações sobre a Aids construídas por adolescentes de Florianópolis*. Dissertação de mestrado. CED, PPGE, UFSC.

SEITER, Ellen (1987). On ideology and representations. In: ALLEN, Robert. *Channels of discourse*. North Carolina: University of North Carolina Press.

SILVA, Tomaz Tadeu e GENTILI, Pablo (1994). *Neoliberalismo, qualidade total e educação*. Petrópolis: Vozes.

______ (1994). *Television and everyday life*. London: Routledge.

SILVERSTONE, Roger (1999). *Why study the media?* London: Sage Publications

______ (2002). *Por que estudar a mídia?* São Paulo: Loyola.

______ (2003). *Inventar o quinto poder*. Entrevista à revista *Carta Capital*, 12/2/03, ano IX, nº 227, São Paulo, Editora Confiança.

SILVERSTONE, Roger e HIRSCH, Eric (1994). *Consuming technologies: media and information in domestic spaces*. London: Routledge.

SOARES, Magda (1994). *Linguagem e escola: uma perspectiva social*. São Paulo: Ática.

SODRÉ, Muniz (1991). *A máquina de narciso*. São Paulo: Summus.

SONTAG, Susan (1989). *Aids e suas metáforas*. São Paulo: Companhia das Letras.

SOUZA, Herbert (1994). *A cura da Aids*. Rio de Janeiro: Relume Dumará.

THIOLLENT, Michel (1985). *Metodologia da Pesquisa-ação*. São Paulo: Cortez.

THOMPSON, John (1990). *Ideologia e cultura moderna: teoria social crítica na era dos meios de comunicação de massa*. Petrópolis: Vozes.

______ (1998). *A mídia e a modernidade: uma teoria social da mídia*. Petrópolis: Vozės.

TOBIN, Joseph (2000). *Good guys don't wear hats: children talk about the media*. New York: Teacher's College Press.

XAVIER, Ismail (1977). *O discurso cinematográfico: a opacidade e a transparência,* Rio de Janeiro: Paz e Terra.

WATNEY, Simon (1994). *Practices of freedom*. Durham: Duke University Press.

WILLIAMS, Raymond (1975). *Television, technology and cultural form*. New York: Schocken Books.

WILLIAMS, Raymond (1977) [1958]. *Culture and Society (1780-1950)*. London: Penguin Books.

______ (1979). *Marxismo e Literatura*. Rio de Janeiro: Zahar Editores.

______ (1980). *Problems in Materialism and Culture*. London: Verso.

______ (1992). *Cultura*. São Paulo: Paz e Terra.

WILLIS, Paul (1990). *Common Culture*. Milton Keynes: Open University Press.

______ (1992) [1986]. *Aprendendo a ser trabalhador*. Porto Alegre: Artes Médicas.